· 智能时代创新精益管理系列 ·

TPM/KTPM
精益管理实战

新益为◎著

人民邮电出版社

北京

图书在版编目（ＣＩＰ）数据

TPM/KTPM精益管理实战 / 新益为著. -- 北京 ： 人民邮电出版社，2020.10（2022.6重印）
（智能时代创新精益管理系列）
ISBN 978-7-115-54508-4

Ⅰ．①T… Ⅱ．①新… Ⅲ．①全面设备管理 Ⅳ．①F273.4

中国版本图书馆CIP数据核字(2020)第130401号

内 容 提 要

本书是一本讲解如何实施本土化KTPM的操作指南。全书通过图表、实例和实施KTPM过程的实际模型，介绍了如何制定行动计划、安排时间节点、使设备达到满足开展KTPM活动的要求等内容。针对KTPM的操作人员，本书详细讲解了如何根据KTPM流程建立相应的管理体制，包括创建和使用TPM看板来传递关于设备状态和维修任务等的重要信息的目视化管理方法。

本书可作为进行精益改善的培训工具，适合精益管理从业人员和精益改善的推行者使用，也适合准备开展KTPM活动的企业管理者、员工阅读和参考。

◆ 著　　　　新益为
　　责任编辑　李士振
　　责任印制　周昇亮

◆ 人民邮电出版社出版发行　　北京市丰台区成寿寺路 11 号
　　邮编　100164　电子邮件　315@ptpress.com.cn
　　网址　https://www.ptpress.com.cn
　　北京七彩京通数码快印有限公司印刷

◆ 开本：720×960　1/16
　　印张：15　　　　　　　　2020 年 10 月第 1 版
　　字数：214 千字　　　　　 2022 年 6 月北京第 3 次印刷

定价：69.80 元

读者服务热线：**(010) 81055296**　印装质量热线：**(010) 81055316**
反盗版热线：**(010) 81055315**
广告经营许可证：京东市监广登字 20170147 号

前言

当下，全球经济形势风云变幻，企业竞争愈加激烈，国内外企业的生产和管理愈发精益化。在智能化、精益化浪潮的推动下，我国企业进行精益化生产、精益管理的需求越来越迫切。再加上大数据、云计算、人工智能、物联网、5G 等技术的发展与普及，企业必须转型升级、精益生产、融入人工智能技术，以提升生产效益，赢得竞争优势。精益化生产也是时代与国家赋予众多企业的极为紧迫的使命。

近年来，我国大中专院校开始开设精益管理相关专业，政府机构也鼓励相关人员积极接受精益管理培训，社会上各种精益管理组织越来越多，大家都在努力学习精益管理的理念与方法，以提高生产和工作效率。但我国企业的发展有自己的特色和现状，对于国外精益管理的理念与方法，不能全盘接纳，而应将其升级改造成适合我国企业发展需求与经济发展实情的方案。

为推动企业转型升级，让我国企业拥有本土化的精益生产方案，让我国更多企业获得专业化的精益生产方案指导，也让更多正在转型升级的中小企业找到提高市场竞争力的方法，我们特策划了本书。

本书是一本讲解如何实施本土化 KTPM 的操作指南，重点介绍了 TPM/KTPM 的实施过程、实施细则及需要注意的事项。本书图文结合、内容翔实，适合生产制造型企业的管理者和一线工作者阅读与使用。

TPM 是英文 Total Productive Maintenance 的缩写，中文译为"全员生产保全"，又译为"全员生产维护"。如今，它已经在全球范围内得到了认可。日本丰田汽车公司、韩国现代汽车公司、联合利华公司……这些世界知名企业，无一例外都引入了 TPM 模式，开展更加全面的全员生产维护活动，实现精益管理的目标。

而伴随着 TPM 在我国生根发芽，大家又结合我国企业和市场的特点，推出了更加适合我国企业的 KTPM 模式，即"全面改善生产保全"。其是以提高设备综合效率和完全有效生产率为目标，以维修系统的解决方案为载体，以持续改善为核心，以全体人员参与为基础的生产和设备维护、保养体系。

很多企业都曾积极引入 TPM/KTPM 体系，但最终效果不佳。这是因为 TPM/KTPM 是一门完善的学科，而非一种单独的技术或手段。缺乏体系化的思路，企业就难以将 TPM/KTPM 有效贯彻，从而顾此失彼、不成系统，最终不得不放弃。

TPM/KTPM 是由无数细节组成的，企业要想在内部贯彻 TPM/KTPM，就需要进行系统化的学习，了解 TPM 的技能要求，了解如何开展 KTPM 小组活动、如何开展 TPM 设备自主保全活动、如何借助看板改善全员参与的效果……希望读者通过阅读本书，能够真正了解 TPM/KTPM 的精髓，并能够在企业生产工作中灵活应用相关方法，打造设备零故障的一流企业！

目录

第 2 章　设备零故障管理

第 3 章　KTPM 设备自主保全与 TPM 行动策略

第 4 章　KTPM 设备专业保全

第 5 章　KTPM 小组活动如何开展

附录

第1章

TPM/KTPM 概述

什么是TPM？它是如何诞生的，又是如何发展的？从TPM到KTPM，又有怎样的变化，会给企业带来哪些面貌一新的改变？正式走进TPM/KTPM前，了解精益管理的发展情况，有利于我们对其进行整体化的了解。

1.1 什么是 TPM

作为当前世界最主流、最常见的设备保养、维修管理体系之一，TPM（Total Productive Maintenance，全员生产保全）管理体系席卷美国、日本、欧洲各国，并在我国不断发展。TPM 究竟是什么，企业引入 TPM 又会给自身的发展带来怎样的变化？

1.1.1 TPM 的由来与发展

TPM 的核心，是设备的管理、保养与维修。TPM 的诞生与工业革命息息相关。伴随着工业革命的发展，机械化生产逐渐替代传统手工生产，这就需要有人对设备进行专项管理与维护。在工业革命初期，由于机械加工的规模小、设备简陋，所以设备的维修一般由操作工负责，并无专门的设备管理人员，但此时已经形成了设备管理的雏形。

随着科技的发展，尤其是工业科技爆发式的发展，机械化作业越来越普及，它克服了手工作业的质量不稳定、无法大批量生产、成本高等缺点，成为越来越多企业的首选。尤其在 20 世纪 30 年代之后，美国的制造加工业对机械装备的依赖性越来越突出，伴随而来的设备故障率也与日俱增，严重影响了产品品质和生产效率的进一步提高。

与工业革命初期较为简单的设备管理与维护相比，随着先进设备的构造日益复杂、体积日益庞大，它们的维护越来越困难，其本身的品质及组合精度也严重影响着产品的质量；加上操作者不熟悉设备的性能、误操作、延误管理等因素，导致设备维护成本不断增加。设备频繁损坏，导致生产不能有效进行，这种情况下，专业化的设备管理越来越受到关注。因此，专业化设备管理成了一门专业学科，TPM 随之诞生。

1. 事后保全（BM）

为了解决日益频繁的设备管理与维护问题，美国制造业提出了"事后保全"（Breakdown Maintenance， BM）这一概念，即当设备出现故障后马上采取应急措施进行事后处置。

这一时期工业生产设备的显著特点是半自动、手动操作的设备较多、设备结构较为简单，因此工人可以自己动手修理，设备故障不会对生产造成过大的影响。事后维修的特点是不坏不修、坏了再修，这种维修方式从 20 世纪初一直持续到 20 世纪 40 年代。

2. 丰田 JIT 模式

事后保全在欧美地区得到了广泛应用，而在东亚地区，因为日本较早进入工业化，所以其对于设备维护、保养也颇为关注。1953 年，日本丰田公司的副总裁大野耐一综合了单件生产和批量生产的特点和优点，创造了一种在多品种小批量混合生产条件下高质量、低消耗的生产方式，即准时生产（Just In Time，JIT），为丰田开创了一条有别于欧美企业的发展之路，并为机械设备管理开创出新的理念，即"精益生产"。

精益生产（Lean Production），就是零浪费生产。精益生产是美国麻省理工学院国际汽车计划组织的数位专家对日本丰田 JIT 生产方式的赞誉。

在必要的时间，以最低的成本生产必要数量的必要产品，这是精益生产的核心，其对设备提出了较高的要求，所以企业必须快速、精准地解决设备问题，从而保障生产活动的顺利进行。丰田的 JIT 模式对于未来的 TPM 的形成与发展产生了长远的影响，并与设备管理相结合，形成了一套全新的体系。

3. 预防保全（PM）

20 世纪 50 年代后，全球进入经济发展黄金期，各种复杂的设备不断出现，设备零件数量也日益增多。这时候，修理设备所占用的时间已成为影响生产的一个重要因素。另外，人们发现设备故障总在设备的某个部位出现，因此在维护时应主动去查找薄弱部位并对其进行改良。

此时，事后保全已经不能满足生产的需求。为了尽量减少设备修理对生产的影响，有人提出了预防保全（Preventive Maintenance，PM），通过对设备进行"物理性检查"预防故障的发生，从而达到延长设备使用寿命的目的。

预防维修的核心是对周期性的故障进行预防维护。它主要从以下3个方面进行设备的维护与保养。

① 对设备进行日常维护（清洁、检查和润滑）。

② 对设备进行定期检查，及时掌握设备的劣化状况。

③ 对设备的劣化进行复原。

预防保全概念的诞生，标志着设备管理开始由事后维修向定期预防维修转变，强调采用适当的方法和组织措施，尽早发现设备隐患，通过将预防和修理相结合，保证设备的正常运行。

4. 改良保全（CM）

随着预防保全的应用日益广泛，越来越多的企业发现，设备的许多故障是周期性出现的，这就意味着设备的维修与保养有规律可循。于是，企业开始对设备进行改进，以减少故障的发生；并简化对故障的检查和修复，以延长设备的使用寿命，这就是"改良维修"（Corrective Maintenance，CM）。

改良保全将设备管理推至更加精准、专业、体系化的阶段，一方面会记录日常检查结果和发生故障的详细情况，另一方面会对故障发生源进行有效的改善。

5. 保全预防（MP）

1960年后，设备的维修与保养得到了进一步发展。为了保证设备不出故障、不制造不良品，出现了"保全预防"（Maintenance Prevention，MP）。它的核心是从设备的设计阶段就开始对设备故障进行控制，其最终目的是实现无故障和简单的日常维护。保全预防依据对设备的运行和维护情况的完整记录，帮助设计人员对设备的结构进行改进。

而后，美国通用汽车公司将BM、PM、CM、MP 4种活动结合起来称为"生产保全"，并提出了一套系统的设备维护方案，从此出现了设备管理的科学方法，这就是TPM的雏形。

6. 全员生产保全（TPM）

将欧美的生产保全与东方思维相融合，最终产生了TPM，通过全员参与设备保全管理来提高生产效率，使生产效益最大化。

这一全新的模式一经推出，就立刻受到日本企业与欧美企业的欢迎。20世纪80年代，TPM作为一套有效的企业管理体系，得到了广泛认同，全球范围内的许多企业都引进了TPM。

随着TPM在全球被广泛应用，TPM本身也在不断完善，从最初的设备维护管理，发展到应用于安全、健康、环保、质量、产品开发、供应链、人事培训和办公室管理等各个领域，形成了一套综合性的企业管理体系，适用范围不再仅限于生产部门，也包含了其他非生产部门，形成了集团化的全员参与。日本、韩国、美国都是TPM的重要推广地区，到了20世纪90年代，全球的制造企业都开始推行TPM，我国的企业也加入这一浪潮。

从TPM的由来和发展可以看出，TPM并非一蹴而就，而是经历了设备管理领域近百年的不断发展与完善，结合了之前各种模式的优点，所以其具备完善的理论和实操经验，这是其能够在全球被广泛应用的重要原因。时至今日，未采用TPM和已采用TPM的企业，在设备维护领域具有非常明显的差别。

据统计，在未推行TPM的工厂里，其维护成本中约50%~60%都是不必要的支出，花费的时间中约50%~60%都是不必要的时间。在工厂推行TPM后，维修费可降低30%，停机时间可减少20%。甚至在工厂推行预测型维护的初期，设备备件库存成本就可以降低10%~30%。出现这样的差别，是由以下两点决定的。

①未推行 TPM 的工厂几乎一半的维修活动属于响应型维护,而此类维护成本比预测型维护的成本高近 10 倍。

②未推行 TPM 的工厂 25% 的维修活动属于预防型维护,而此类维护成本比预测型维护的成本高 5 倍。

由此可见,对于制造行业,推行 TPM 势在必行,因为这是降低生产成本、提高生产效率的关键。

1.1.2　什么是 TPM 活动

TPM 活动,就是通过全员参与设备保全管理来提高生产效率,使生产效益最大化。活动,即全员参与,并非仅一个维修工人的工作。TPM 把工作重点从响应型维护转移到预防性保全,通过全员参与,开展有针对性的、预防性的点检、保养与改善,把设备隐患消灭在萌芽之中,最大限度地压缩停机时间、设备维修成本和产品成本。

要想在企业中推行 TPM,就必须了解其特点和目的,并对比之前的设备管理模式,以此提高全员的认知水平。

1. TPM 的特点

TPM 是一个完善的管理体系,我们要熟知它的以下 3 个特点。

(1)TPM 管理体系是一种全过程的系统管理。它强调对设备的全过程(指选型、使用和报废等过程)进行管理,认为设备的前期管理(指设备投入生产前的规划、选型、购置、安装、调试等过程的管理)与后期管理(指设备投入生产后的使用、维修、改造、更新、报废等过程的管理)密不可分,二者同等重要,决不可偏废任何一方。

(2)TPM 管理体系是一种全方位的综合管理。它强调设备管理工作包含技术、经济、组织 3 个方面的内容,三者有机联系、相互影响。在设备管理工作中要充分考虑三者的平衡。

（3）**TPM 管理体系是一种全员参与的群众性管理**。它强调设备管理不只是设备使用和管理部门的事情，企业中所有与设备有关的部门和人员都应参与其中。

企业管理层要正确认识 TPM 与传统设备管理的区别。传统设备管理的基本要素是机器、原料、法则，最后才是人。而在 TPM 精益管理中，人才的培养与人的主观能动性是核心，它致力于通过人才培养实现提高企业综合实力的目标，先解决好人的问题，再进行生产设备的管理。这是二者最大的不同。企业管理、生产管理、设备管理的重点最终还是要落在人的身上，只要解决了人的问题，就能大大提高整个生产环节的效率与设备的安全性。

2. TPM 的目的

企业推行 TPM 的目的是要事先预防并消除设备故障所造成的 6 大损失，即准备调整、器具调整、加速老化、检查停机、速度下降和生产不良品。在保证生产效益最大化的同时，做到零故障、零不良、零浪费和零灾害，实现费用消耗的合理化。图 1.1-1 所示为推行 TPM 给企业带来的改变，以直观的曲线图表现了 TPM 的优势。

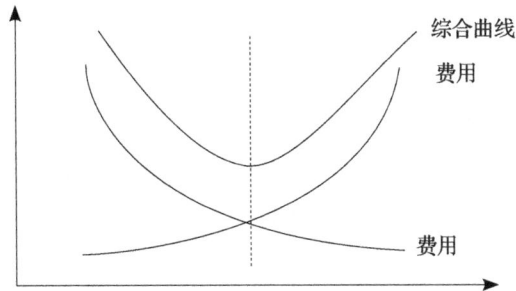

图 1.1-1　推行 TPM 给企业带来的改变

企业在推行 TPM 的初期，主要应实现以下 4 个维度的"零"效果。

（1）**事故为零**。指设备运行过程中的事故为零。设备事故的危害非常大，不仅会直接导致生产停滞，还会造成人身伤害，影响企业的稳定。保证安全生产，是 TPM 的重要目标。

（2）**停机为零**。指计划外的设备停机时间为零。计划外的停机对生产造成的冲击相当大，不仅会导致整个生产活动停滞，还会造成资源的浪费、人工的限制等。推行 TPM 能有效减少计划外的停机时间，降低企业成本。

（3）**速度损失为零**。指设备速度降低造成的产量损失为零。在没有开展 TPM 活动前，企业的设备保养并不完善，依然存在隐患，导致生产速度无法达到最快。TPM 管理体系能够引导和激励全体员工不断追求零损失，并有利于落实 TPM 的管理职能。企业推进 TPM 管理的进度，取决于 TPM 管理体系的形成和有效运转速度。

（4）**废品为零**。指由设备问题造成的废品为零。"完美的产品质量需要完善的机器"，机器是保证产品质量的关键，而人是保证机器正常运转的关键。推行 TPM，能够有效解决废品的问题，保证产品的良品率始终处于较高水平。

3. TPM 为企业带来的变化

从 20 世纪 80 年代开始，TPM 成了加工企业的主流管理模式。日本丰田、日产、韩国三星等知名企业都采用这种模式。数据显示，这些企业引入 TPM 模式后，其生产状况发生了显著变化。

日本日产汽车公司：实施 TPM 4 年，产品的一次合格率提高 70%，劳动生产率提高 50%，设备综合效率提高 30%，设备故障率减少 80%。

日本雅马哈集团：设备效率提高 20%，工程内不良率减少 80%。

韩国现代汽车公司：设备效率提高 25%，每台车的制造工时减少 28%，工程内效益提高 4%。

联合利华公司：通过推行 TPM，节约成本 280 万英镑（1 英镑 ≈ 8.81 人民币，根据 2020 年 4 月 13 日汇率，余类推），TPM 投入 9 万英镑，设备综合效率显著提高，清洁剂的生产效率从 76% 提高到 92%，香皂从 54% 提高到 80%。

韩国三星集团已经将 TPM 植入中国深圳三星视界有限公司，将其推广至企业的所有角落。深圳三星视界有限公司里到处挂满了 TPM 管理看板，看板中的内容大到公司愿景口号、经营方针、质量方针，小到班组及个人目标等一应俱全。

部门方针与目标、小组活动板、各种管理图表、设备点检表、作业指导书等，同样布满车间的每个角落。甚至在深圳三星视界有限公司的贵宾通道上，也挂满了各个部门、车间的竞争 TPM 活动板，这些活动板无时无刻不在提醒每一名员工：TPM 是三星集团发展壮大的重要手段。

20 世纪 90 年代后，我国的本土企业也开始加入 TPM 的浪潮。这其中，海信集团是最早进行 TPM 改造的国内企业。借鉴韩国三星集团通过 TPM 对企业进行架构优化，裁减冗员 30%，开启了辉煌的"三星时代"的情况，海信集团从此摒弃传统模式，主动"拥抱"TPM。

从 2001 年开始，我国企业家潜心学习 TPM 管理。2001 年 11 月，海信集团前总裁于淑珉率领集团经营管理班子到深圳三星视界有限公司考察，随后决定在全集团分阶段地推行 TPM 计划。海信集团董事长周厚健表示，和日本家电企业相比，海信在制造、工艺及管理方面至少还落后将近 10 年。管理是我国企业参与世界竞争的软肋，要增强企业竞争力必须推行 TPM。

引入 TPM 后的海信集团，变化非常明显。2001 年海信集团的销售收入达 161 亿元，在中国电子百强企业中名列前茅。2010 年海信集团全年实现销售收入 637.4 亿元。海信品牌在世界品牌实验室编制的 2010 年度《中国品牌500 强》中排名第 30 位，品牌价值已达 259.87 亿元。

越来越多的企业引入 TPM 精益管理模式，就是为了保证产量、质量、效率和交货期。在市场经济的大环境下，企业需要与各方签订合同进行生产，合同会明确说明交货时间、交货品质等。合同一经签订，即受到法律保护，无特殊情况不能变更，违约者将受到严厉的经济制裁。如果缺乏高水平的管理模式，就很难保证设备始终在平稳的状态中进行生产，一旦无法履行合同，企业不仅会有经济上的损失，往往还会失去市场，这会给企业的发展带来严重的影响。所以，引入 TPM 精益管理模式，是维护企业品牌形象与口碑的重要手段。

4. 为什么 TPM 能够获得成功

TPM 能够获得成功，效果领先于事后保全、改良保全等，就在于 TPM 活动是全员活动，每一名员工都会参与设备管理中，会涉及预防、维修、管理、保养多个层面，且活动规模大、精准，能最大限度地保障生产的顺利进行。图 1.1-2 所示为 TPM 的活动规模。

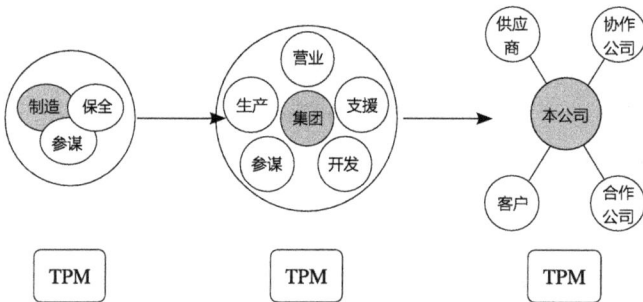

图 1.1-2　TPM 的活动规模

那么，传统设备管理模式有怎样的特点？存在哪些不足？

（1）**传统设备管理模式的特点**。传统的设备管理模式以维护、修理为中心点，主要有以下 3 个特点。

①阶段性管理。它把设备的设计、制造与使用截然分开，只对设备的使用进行管理，而没有用系统的观点去解决设备的故障问题。

②片面性管理。它往往把注意力更多地集中于设备管理中的技术层面，而忽略了设备管理中的经济因素。在现代的企业管理中，有时经济因素比技术因素更重要。

③封闭式管理。它只限于对设备在生产过程中的使用进行管理，而忽视同设备的设计、制造和销售等外部单位的联系。

（2）**传统设备检查的形式**。传统设备管理模式较为落后，在具体形式上，传统设备检查也存在明显不足。例如，事后检查是在事故发生之后的检查；巡回检查是按设备的部位、内容进行的粗略巡视，这种方法实际上是一种不定量的运行管理，适用于分散布置的设备。

这类传统设备检查形式，往往是设备性能变差、不能正常工作甚至无法工作后才去寻找故障并进行维修；或根据规程已经到了大修期限，才组织大修。这种检查形式就会导致以下 3 种问题。

① 运转情况无法准确统计。

② 本不必大修就能解决的问题一直不解决，直到故障累积成必须大修的地步。这样做的结果，首先是设备停止运行，影响正常生产；其次是带"病"作业会造成部件损坏加剧，到了维修时，甚至会导致必须更换整套设备，使维修成本剧增。

③ 维修工作被动，存在走动浪费，变成"头痛医头，脚痛医脚"，工作紧张、备件消耗多、设备稳定性差。

（3）**传统设备保全的模式。**传统设备维护的具体模式，也存在明显的滞后性。

① 响应型保全。这是一种表面上看起来很省钱的方法，工厂不需要进行日常的维护工作，只在设备出现故障时，才进行维修或部件更换。但是，这种维护处于被动状态，一旦发生故障，会导致工厂花费更多的费用和时间。这种维护模式适用于与产品质量、企业利润无较大关联，或价格便宜、容易购买的设备。不适合用于维护费用通常较高，一旦出现问题将导致严重后果的关键设备。

② 预防型保全。预防型维护是指按照预先制定的计划，周期性地对设备进行点检、保养。它可以有效地减少设备的故障，延长其使用寿命，但因没有考虑设备的现状，仅根据预定的计划进行定期维护，所以一些维护任务是不必要的。这种维护方式适用于重要的设备，可根据设备的类型、性能、规格和运行情况定期对其进行维护。

③ 预测型保全。通过对设备运行情况的监测，可以在潜在的问题发生之

前采取相应措施——计划保全，避免不必要的损失。此维护方式对人员和技术的要求较高，特别是在前期实施过程中。

（4）传统设备管理模式在购买和使用设备方面主要有以下几点误区。

① 购买时选型有误。购买设备时，过多地考虑设备的技术性，盲目追求加工中心的兼容性，结果是在用精密机床加工非精密、低附加值的零件，导致设备的部分功能闲置。

② 相关的工艺装备不配套。在刀具、夹具、量具、软件、维修和环境等方面的投资不足，使机床的使用寿命缩短、效率低下。

③ 工艺编排不合理。没有根据精益生产的"一个流"去编排产品加工的工艺过程，只是根据设备的种类编组，在某一工步或工序节省了部分时间，而没有从根本上提高效率。

④ 对高档机床有敬畏心理。由于高档机床价格高昂，很多企业不敢大胆地使用，害怕出现误操作，只安排其进行一些精加工工序。其实越是高档机床，其在安全防护及稳定性方面越出色，只有充分使用，才能真正体现其价值。

⑤ 很多编程人员和操作人员的观念和方法老旧，培训力度不够，与厂家的沟通不足，对机床功能掌握不充分，缺乏深入的认识。结果出现了参数过于保守（或新旧技术差别太大，不敢尝试），加工效率和质量无法得到提高；或加工方法不够灵活，一些先进的功能派不上用场。

⑥ 没有严格的设备管理制度，导致机床保养或使用不当，从而导致机床加工精度降低。

综上所述，TPM活动能够在全球受到欢迎，就在于其规避了传统设备管理模式的不足与弊端。在TPM精益管理体系中，设备自主保全共分为7个阶段，包括初期清扫、发生源/困难源对策、制定基准书、总点检、自主点检、工程品质保证、自主管理，每一阶段的开展都要围绕设备融入很多的现场实用知识。

例如，在初期清扫阶段，员工需要树立"清扫"就是点检的概念，在清扫的过程中完成设备维护，通过设备清扫活动，让员工学会观察设备。这就给员工提出了全新的要求，需要员工学会思考，能够找出问题，提出改善方案并自我实施，在点滴中开展各类改善活动。尤其是小组活动的引入，会实现群策群力的效果，每一个员工都是生产工作、保全工作的核心，以小组为单位更能提高效率，从而增强企业可持续发展的核心能力。

我国企业正处于转型阶段，越来越多的企业走出了国门。要想在全球市场上立足，就必须构建科学的管理体制，建立合理的管理机制，制定行之有效的管理制度。好制度的标准是责任与权力平衡、公平与效率兼顾。随着全球化的速度越来越快，产品品种呈几何倍增的态势，个性化定制、高质量、低价格、产品生命周期越来越短等市场对产品的要求，让企业必须采用更合理的设备管理模式，以实现成本降低、利润提高的目的。

利润是企业最大的追求。知名企业管理学家泰勒说过，管理不像算术那么简单。如果把企业发展分成 3 个阶段，创业生产阶段、规范发展阶段、创新突破阶段，那么最适合实现精益的是规范发展阶段。在这个阶段及时引入 TPM 管理模式，能使战略策划系统化，建立革新文化，从而让企业立于不败之地。

5. 为什么我国企业要引入 TPM

为什么我国企业，尤其是制造业企业需要引入 TPM 精益管理模式呢？目前，国内大部分企业的设备管理还处于低阶水平，往往是出现了问题，才会进行修理。企业的设备管理与维修的理论、模式和技术仍沿用传统方式，有些故障属于自然恶化，有些则是强制恶化。该保养复原的零部件没有保养复原，自然会出现故障恶化。

以机械磨损为例，在加速磨损阶段开始时，若不能将其迅速恢复到稳定阶段，磨损将迅速加剧。久而久之，企业内的多数设备都是"带病"生产，大量的时间浪费在设备停机、简单修理、再次出现问题的恶性循环中。

甚至，部分企业没有明确的设备保养维护计划，从而导致设备问题的恶性循环、企业生产效率低下。不管是多先进的设备，如果无法正常运行，都不能发挥其应有的作用。以下几点是限制我国企业发展的重要因素。

① 管理体制混乱，员工对设备维护的积极性非常低，不能把人和设备有机地融合在一起。很多企业都存在这样的现象，操作者只管生产而不进行维修，设备的好坏与他们无关，如果产量不达标，他们就会推卸责任，要求降低生产目标。

② 生产环节与维护环节脱节，信息流通非常缓慢，经常出现维修人员不知道设备故障的原因是什么，生产员工也不关心维修人员的工作内容的情况，导致设备维护质量不高、一个故障反复维修也得不到彻底的解决，维修时间也得不到保证，从而使得一个小小的故障要用很长时间去维修，浪费大量的时间，影响生产效率。

③ 不注意对设备的保养维护，尤其在生产高压期，一味强调 24 小时不间断开工，忽视对设备的维护，设备因长期运行而产生小故障时仍继续工作，直到设备完全不能工作才停下来进行维修。

④ 工程技术人员把较多的精力浪费在设备抢修以及与管理部门讨论考核指标和费用等问题上，而不是思考如何把设备维护保养好，使设备少出故障，从而降低维修费用。

⑤ 生产人员的更换率过高，人员素质不高、职业道德操守有限，对设备不关注。同时，培训工作做得不到位，生产人员缺乏设备保养的正确方法，不知如何下手。

⑥ 对技术文件不尊重。多数设备都有专业的技术文件，如说明书，但企业对此的关注度不高，技术文件没有被利用或没有被好好利用，只是被放在一个固定位置来应付检查，相关注意事项并没有被有效推广。

这些现象在我国企业中都有一定体现。所以，引入 TPM 精益管理模式，就是消除我国企业的认知误区，通过实施全员参与的预防型维护，彻底消除设备的损失及浪费，使设备工作效率达到最高，以此来提高企业的业绩。

6. 我国企业如何开展 TPM 活动

TPM 的优势在全球已经获得认同，我国企业也逐渐开始采用 TPM 模式进行精益管理，如海信集团等都已取得不错的成绩。除此之外，塔里木油田、中国石化集团、广州石化、茂名石化、齐鲁石化、郑州供水、曼秀雷敦（中国）药业有限公司、马钢（集团）控股有限公司、安阳钢铁集团有限责任公司、南玻集团等企业在 TPM 体系推进中均创造了具有自身特色的管理模板，TPM 正在我国生根发芽。

但是，我国企业引入 TPM 时，也需要做好自身特点的分析。只有结合自身特点进行 TPM 推行，才能取得预期的效果。

① 模式的设计要结合国情、厂情，不能照搬海外的成功经验，必须对 TPM 进行本土化改造。尤其要结合企业管理的运行状况、人员素质、设备类型、设备技术含量和先进程度进行综合的思考。

② 模式设计要有先进性，要适当地超前。

③ 追求先进要适度，应当结合企业的特点进行超前设计。再先进的模式不被企业接受，或企业实施的条件尚不成熟，也会失去其对设备管理工作实际的推进作用。

④ 一定要对 TPM 活动进行反复讨论、研究，形成系统化的方案后再落地。TPM 是一门完整的学科，单纯依靠其中个别技巧并不能取得预期效果，企业领导必须建立"TPM 哲学思维"，从企业全系统的结构出发，研究 TPM 管理模式对其他子系统和总系统的影响。

⑤TPM 活动不是一蹴而就的。我国部分企业追求效率，渴望利用某一种技术立刻就取得效果，这是企业应当杜绝的急躁心态。TPM 活动扎根工作一线，企业必须给员工学习、消化甚至犯错的时间，这样才能让 TPM 真正发挥效力。

我国企业正走在世界的舞台上，一方面获得了大量的机会，另一方面也要面对非常激烈的竞争，企业要居安思危、合理控制成本。如果企业备件资金已占总资产的 10% 以上，且每年的维修费用持续上升，已占生产成本的

15% 以上时，企业才想起来从设备管理入手提高效益，也许为时已晚。所以，只有针对 TPM 进行本土化改造，正视企业设备管理的现状，我国企业才能与世界级企业一较高下。

1.1.3　TPM 的定义

TPM，就是全员生产保全。T（Total），全员，即生产部门及各种管理部门等企业内的全体部门人员的全员参加；P（Productive），生产，包括生产、教育等制造价值的所有业务；M（Maintenance），保全、维护，即以追求效率的极限为目的，将生产体系维持在理想状态的活动。

1. TPM 的内涵

TPM 以建立追求管理系统效率化极限的企业体系为目标，以设备寿命周期和产品加工过程为对象，以自最高领导至一线员工全体参与的小组活动形式为载体，通过开展以生产现场为主，涵盖研发、物流、采购、技术、销售和行政等管理部门的追求"零损失"的管理活动，谋求企业整个经营管理体系的"管理极限"。

TPM 的最高目的是实现设备综合效率的极限。在现物架构下，以生产系统全体寿命周期为对象，追求"零灾害、零不良、零故障"，并对所有损失进行事先预防。除生产部门以外，还包括开发、营销、后勤等所有部门，上自最高领导下至一线员工全员参与，由小集团活动来达成"零损失"的目标。

通过实现"零灾害、零不良、零故障"的追求，最终能够达成减少消耗、降低生产成本的目的。绝大多数企业的原材料消耗都发生在设备上。设备状态不好会增加原材料的消耗，若出现废品，原材料的浪费更多。在能源消耗上，设备所占的比重更大。通过引入 TPM，企业的设备运转效率能够大大提高，从而能降低设备能耗，实现企业节能降耗的目标。

TPM 把工作重点从响应型维护转移到预测型维护上，通过全员参与，开展有针对性的、预防性的点检、保养与改善，把设备隐患消灭在萌芽之中，最大限度地压缩停机时间、降低设备维修成本和产品成本。

在 TPM 的定义中，以下 3 个内涵是尤为关键的。

（1）全员参与的小集团活动思想。

（2）预防思想。

（3）"零"化思想。

全员参与是 TPM 的关键。企业开展 TPM 活动应紧紧围绕以上 3 个方面展开，从而建立更科学、更现代化的设备管理体系。

2. TPM 的现实意义

TPM 活动在工业生产中有重要的现实意义，尤其体现在以下两点。

（1）以设备为主线的经营管理模式。

TPM 活动是从上至下的生产保全活动，企业领导者与一线操作员工都需要参与其中。通过全员生产的模式，将以员工为主的管理模式转换为全体员工参与的生产保全模式。开展 TPM 活动的企业，设备、模具、夹具、量具及各种测试设备等都会产生明显变化，这是时代的要求。对于生产企业来说，机器和物品的可靠性、可维修性、安全性与易操作性，决定了产品的质量、产量及成本，TPM 活动会大大优化企业的生产流程、生产细节、管理流程、保全流程与方式。

企业之所以需要引入 TPM 活动，是大环境造成的。近年来，国内的加工企业多数都遇到了招工难的问题，一线工人明显不足，许多手工作业都被逐渐调整并转换成设备作业，企业对于设备的依赖性越来越强，设备朝着高速化、大型化、连续化、自动化、复杂化、产品超小型化等方面发展。尤其当越来越多的企业引入柔性制造系统（Flexible Manufacturing System，FMS）后，企业对设备的维护管理需求更加明显。一条几十部机器的生产线，只看得到一两位操作人员，这意味着现在的生产呈现出依赖设备、减少人员的趋势。企业建立 TPM 精益化管理思维，会大大加强员工的主人翁意识，并能使员工以 TPM 小组的形式集体作战，维护设备的正常运转。

（2）现代工厂管理及设备的有效利用。

生产加工行业的技术创新是大势所趋，未来可以预期的是持续化自动设备生产。伴随自动化生产的"井喷"，我国企业得以降低人工成本，并受益于一系列政策走出国门，在海外开展业务，我国企业的机遇与风险并存。当企业走向海外时，能否应对经济波动，能否应对世界变化，现代工厂管理能否适应当地的需求，当地工厂能否依然保持生产效率，成了企业的重要课题。而工厂为适应竞争，除了需积极引入各种先进的设备和生产线外，更应该考虑通过 TPM 减少低廉、简单的设备投资，对现有设备进行最大限度、高效的利用，以保证产品质量、企业管理、设备运转的稳定，夯实企业竞争力，从而让企业在海外站稳脚跟。

3. 从 TPM 到精益管理

开展 TPM 活动，是为了实现企业的精益管理。精益管理的特点是消除一切浪费，追求不断改善和精益求精。精简产品开发设计、生产、管理中一切不产生附加值的工作，旨在以最优品质、最低成本和最高效率对市场需求做出迅速响应，这正是企业开展 TPM 活动的目标。

（1）精益管理的直接改观。

企业实现精益管理，会颠覆传统生产模式的效率，在设备维护、成本降低方面也有明显改善。从对日本企业的分析来看，开展精益管理的企业，都取得了以下效果。

① 新产品开发周期——最低可减至原来的 1/2 或 2/3。

② 工厂占用空间——最低可减至采用大量生产方式下的 1/2。

③ 所需人力资源——无论是产品开发、生产部门，还是工厂的其他部门，与传统密集型生产企业相比，最低能减至原来的 1/2。

④ 成品库存——最低可减至大量生产方式下平均库存水平的 1/4。

⑤ 生产过程的在制品库存——最低可减至大量生产方式下一般水平的 1/10。

追求生产的合理性、高效性，满足不同客户的不同需求，保证产品品质，提高管理技术，这些是精益管理带来的最直观的改变，这些改变对制造业企业具有积极的意义。

（2）精益管理的 7 个"零"目标。

精益管理的最终目标是要实现 7 个"零"。这 7 个目标涵盖了企业生产管理的各个方面。

①"零"不良。不良问题不应在检查时才检出，而应该在产生的源头消除它，追求零不良。

②"零"浪费。消除制造、搬运、等待等方面的浪费，实现零浪费。

③"零"转产工时浪费。将加工工序的品种切换与装配线转产的时间浪费降为"零"或使其接近"零"。

④"零"停滞。最大限度地压缩前置时间。为此，必须消除中间停滞，实现"零"停滞。

⑤"零"库存。将加工与装配相连接，消除中间库存，将市场预估生产转变为接单同步生产，将产品库存降为零。

⑥"零"故障。消除机械设备的故障停机问题，实现零故障。

⑦"零"灾害。消除生产过程中可能存在的安全隐患，保证设备与员工的安全。

1.1.4　TPM 体系的内容

TPM 管理具备完整的体系与架构，在施行 TPM 管理前，企业必须了解其体系内容，为工作的开展做好理论准备。图 1.1-3 所示为 TPM 管理体系，详细说明了应如何系统化地开展 TPM 精益管理活动。

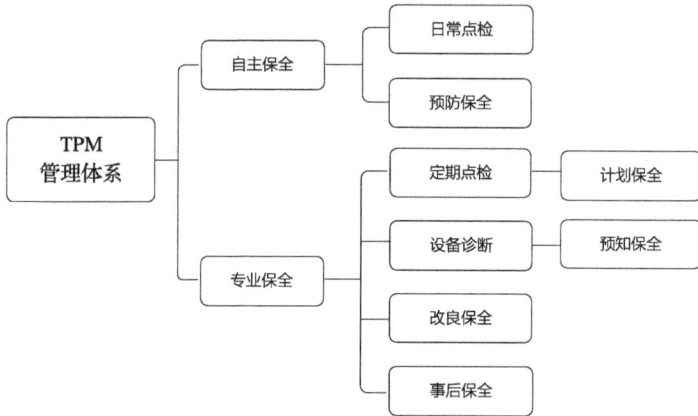

图 1.1-3　TPM 管理体系

1. TPM 管理体系

　　TPM 是对生产保全体系的补充和改进，生产保全由事后保全、预防保全、改良保全和保全预防构成。TPM 对生产保全体系进行了部分调整，强化了全员参与的设备保全和自主保全。这一模式在经历了丰田、三星等企业数十年的不断发展后，目前已经形成了非常完善的体系。

　　TPM 管理体系的核心在于"全员"，即每一个部门及其所有员工都要参与 TPM 管理工作。维修部门的日程化保全必须与生产部门的自主维修小组活动协同配合。TPM 的维修部门应随时根据小组活动的进展对备件、模具、工具、检测装置及图样进行评估和控制，并对维修计划进行研究与调整，各个小组、各个员工之间的信息必须有效互通、快速分享，从而实现整体管理的目的。

　　对"全员管理，全员行动"的认知不足，是我国很多企业存在的问题。企业不知道如何合理安排生产和维修工作，往往存在各个部门各自为战的情形。例如，某企业机床漏油严重，一个月耗油上万元，损耗惊人，但是设备使用部门不同意停产修理，所以设备只能"带病运行"，造成极大的浪费，并对环境造成了污染。维修部门想要介入维修，但生产部门强调停机会导致严重的生产滞后，不能承担责任，所以不同意进行维修。结果，这导致企业生产成本居高不下、设备损坏率极高、产品良品率无法达到要求，生产部门因为设备故障频发而怨声载道，维修部门也表示无奈。这就是企业内部混乱的表现。

TPM 管理的实践方法是，每天早晨召开生产线经理与维修工程负责人的工作例会，例会将解决生产中出现的问题，并安排和调整每周、每月的维修计划。每周、每月还将开展工作小组会议，不断对生产计划进行修正，保证企业生产始终保持健康有序的状态。图 1.1-4 所示为 TPM 详细管理流程，只有实现这样的规范流程，才是完整的 TPM 精益管理活动。

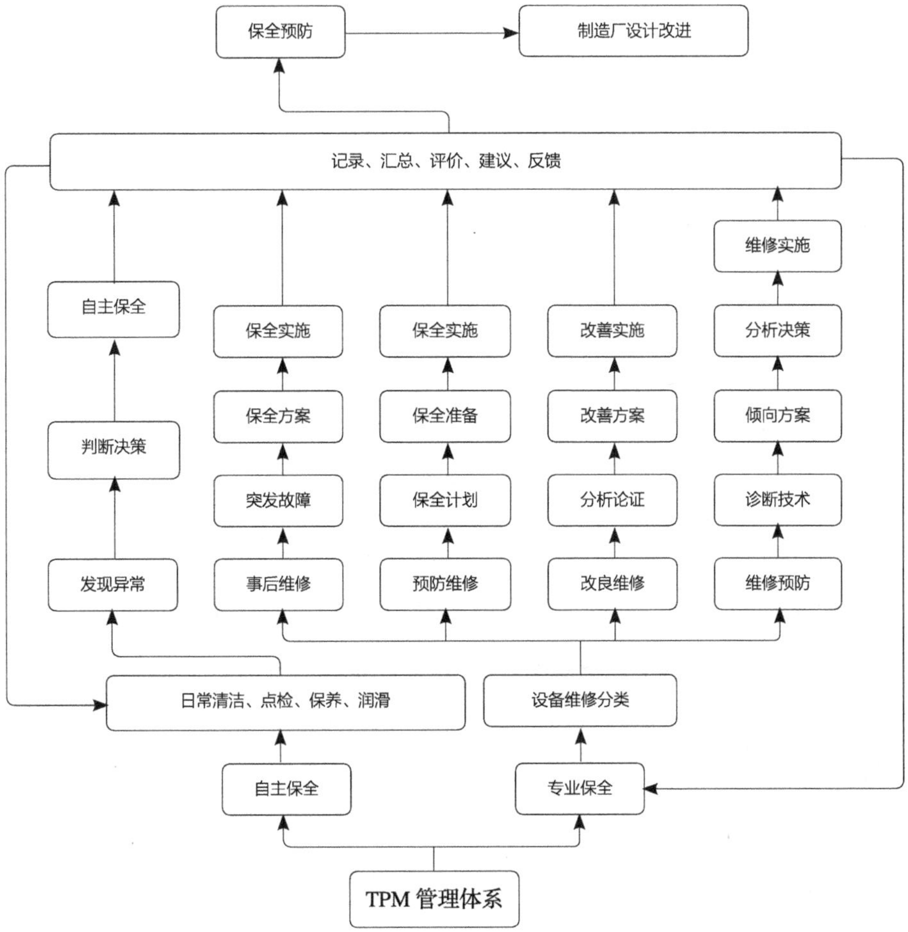

图 1.1-4　TPM 详细管理流程

TPM 的预防保全的特色在于强化设备的基础保养，让每一位员工建立提前发现问题、快速解决问题的思维。所以，TPM 体系将具体工作落实到每一个人，从而保障 TPM 活动精准、有效地开展。

2. TPM 的 "5S 法则"

在 TPM 体系中，自主保全与专业保全是重点内容，它们的情况决定了 TPM 能否有效推进。对该体系进行总结会发现，"5S 法则"是推行 TPM 的核心。"5S"是整理、整顿、清扫、清洁、素养的简称。5S 活动是 TPM 的一项基本活动，是现场一切活动开展的基础，是推行 TPM 活动必需的准备工作和前提，是 TPM 的其他各支柱活动的基石，也是 TPM 的精华所在。图 1.1-5 所示为 TPM 的工作重点，企业应严格遵循。

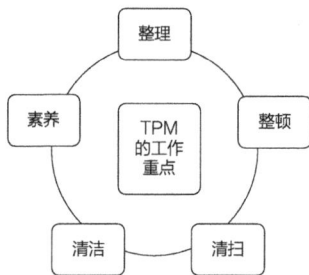

图 1.1-5　TPM 的工作重点

TPM 的 "5S 法则"，也被称为 TPM 的 5 个独立目标，代表 TPM 的最低要求。在开展 TPM 活动时，所有工作都围绕这 5 个目标进行。

（1）提高（改善）设备效率。在 TPM 活动正式开展前，工程技术人员、保全人员和生产线骨干等会组成专题小组，优先选择发生经常性损失（瓶颈/关键）的设备，运用 TPM 工具对其开展调查和分析，针对设备六大损失中的某一项作为改进活动的主题，制定改善措施，提高设备的综合效率。当取得了一定的效果后，再将小组活动内容扩展到其他类似的设备，在新的领域开展新的小组改善活动。

（2）开展小组活动（操作工自主保全）。在 TPM 的自主维护中，将培训过程分解成 7 个步骤（涉及保全现场管理 5 项基本原则，即 5S），避免行为表面化。操作工必须全面掌握一个步骤后，才能学习下一个步骤。例如在步骤 1 初步的整理中，操作工应了解全面的整理是一个检查过程，同时也会学习一整套固定的日常清理点检程序和基本的润滑及紧固技术。

小组活动是 TPM 活动落地执行的关键，也是 TPM 活动最重要的组成部分，这是所有员工都必须学习的重点内容。

（3）**维修部门安排计划保全**。为了降低计划保全的费用，应当使用诊断技术来监测设备的状态，并鼓励向预测保全过渡，避免工作停留于事后保全的层次，影响生产工作的开展。计划保全的目标有以下 4 个方向。

① 提高预防性与预见性。提前发现问题，避免正式开展生产工作时出现问题，从而影响进度。

② 制定保全工作标准。保证工作标准明确、精准，让每一名员工都可以按照标准有效推进工作。

③ 操作工承担一部分设备保全工作。这要求操作工应当经过前期培训，能够在工作岗位上快速解决前期问题。

④ 充分发挥专职保全人员的专业技能，使他们更多地承担改进性和预见性的保全工作。

（4）**操作和维护（修）技能的培训**。随着自动化程度的提高，部分企业会产生这样的思维：操作技能是多余的。随着工业智能的快速发展，无人生产已经越来越受到人们的认可，但是，完全的自动维修是不可能的。想要推行 TPM，就必须意识到人工保全的重要作用。若想自主保全、预测保全和保全性改善取得成功，操作工和保全人员的技能必须提高。要实施 TPM，必须重视对员工的培训，不可完全忽视人工的作用。在企业内开展 TPM 专业讲座，提高员工的操作和维护能力，这是 TPM 落地的关键。

（5）**早期设备管理**。设备的生命周期开始于设计，设计的目标是尽可能减少保全。有别于事后保全、改良保全，早期设备管理被纳入 TPM 体系中是因为在设备使用过程中，所收集的维修信息可以作为以后进行预防研究的基础数据和有力参考，避免相关问题再次出现。

图 1.1-6 所示为 TPM5 个目标的关系，企业开展 TPM 精益管理活动，一定要围绕这 5 点展开。

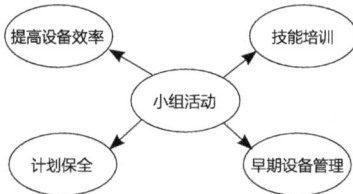

图 1.1-6　TPM5 个目标的关系

5S 活动是现场改善的基石，是开展 TPM 活动的先决条件。只有达到这 5 个目标，才能保证整理、整顿、清扫、清洁、素养工作顺利开展。图 1.1-7 所示为 TPM 的"5S 法则"，说明了开展 TPM 活动时应当关注的重点内容。

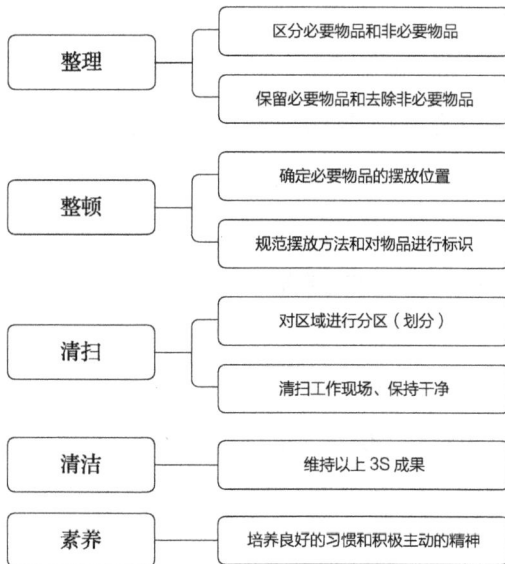

图 1.1-7　TPM 的"5S 法则"

TPM 的"5S 法则"中，小组活动居于核心，一切工作围绕小组活动展开。员工作为 TPM 活动的主导因素，应开展各种细节化的生产工作，保障 TPM

体系完整、有序，始终处于可控的状态。

TPM 的基石就是重复的小集团活动机制，这一工作将会在未来反复不断地出现，员工按照规范的工作标准展开工作，进行自主维护与专业维护，并不断进行培训提高，最终实现零故障、零不良、零灾害的目的。通过重复的小组活动，员工会就工作流程形成习惯，不断积累经验，最终建立完善的 TPM 体系与模式。图 1.1-8 所示为 TPM 形成的工作流程，企业在开展 TPM 活动时应严格遵循。

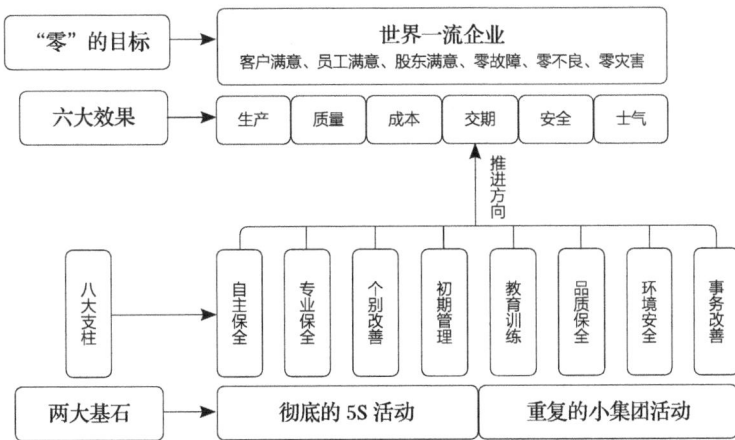

图 1.1-8 TPM 形成的工作流程

3. TPM 的 3 级评价体系

TPM 活动结束后，还应对其进行相应的评价，确认本轮活动是否达到标准，并对每一个员工评分，为未来的培训提供参考数据。评价体系是很多企业容易忽视的一点，也是企业开展 TPM 活动多年效果却并不明显的原因。只有对活动进行总结分析，才能保证工作的有效推进并从中获得经验，从而为企业积累有效数据。TPM 评价体系分为 3 级，企业应重点关注。

① 第 1 级：对班组的自主保全、定置管理、安全教育、个人着装、目视化管理、台账管理、技能培训和全员改善等情况进行评价。

② 第 2 级：对生产车间的人才育成率、自主保全达成率、5S 法则的运用

效果、人均提案数、课题改善件数、改善的投入产出比等进行评价。

③第3极：对专业保全部门的人才育成率、专业保全达成率、5S法则的运用效果、 人均提案数、课题改善件数、设备综合率、改善的投入产出比、平均故障间隔时间、平均修复时间等进行评价。

1.1.5 TPM 的管理目标

企业推行 TPM 是为了改变人的观念与改善设备的状态，确保设备维护落实到个人，即自己的设备由自己来维护，追求设备的正常稳定运行，从而实现企业效益的不断提升。这一目的的实现，建立在"零"不良、"零"浪费、"零"转产工时费、"零"停滞、"零"库存、"零"故障、"零"灾害的基础上。图 1.1-9 所示为 TPM 的管理目标，是企业开展 TPM 精益管理活动时的第一原则。

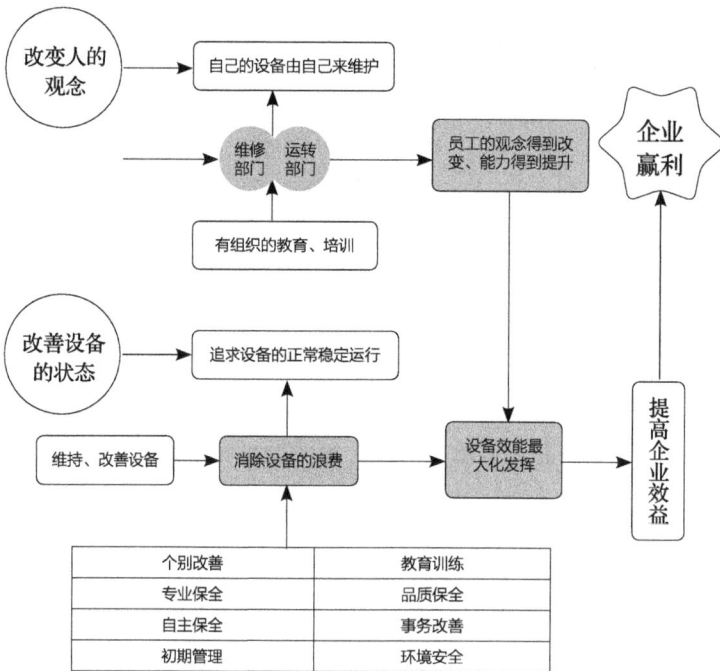

图 1.1-9 TPM 的管理目标

从 4 个管理目标入手，我们可以将 TPM 的管理目标进一步细化，形成更为完善的 TPM 架构。

1. 基础目标

通过 TPM 的推行，企业将会实现不同的基础目标，进而能推进工业生产。

（1）预防哲学（Prevention Philosophy）。建立预防哲学的思维，将问题提前解决，分析问题，防患于未然，并确立预防的条件。其中包括排除物理性、心理性缺陷，排除强制劣化，消除慢性不良问题，延长原有寿命。

（2）零目标、零缺陷（Zero Target，Zero Defect）。零目标、零缺陷的追求与同行企业的水平无关，而与企业自身的生产息息相关。追求"零"的目标，就会比竞争对手更具优势，能抢占先机；如果同行企业也追求"零"的目标，那么提高 TMP 活动效率，同样也会获得胜利。

（3）全员参与经营（Small Group Activity）。全员参与经营是 TPM 的核心，通过动员全员，提高组织成员的能力，为提高成员的工作热情而活跃组织，这样才能实现组织成果的最大化，全员参与经营的程度是考核 TPM 最终是否有效的重要指标。

图 1.1-10 所示为 TPM 目标效果图，通过这 3 个方向的努力，企业最终会实现延长寿命、减少浪费的目标。

TPM= 预防哲学 + 零目标、零缺陷 + 全员参与经营

图 1.1-10　TPM 目标效果图

2. TPM 能实现的效果

通过推行 TPM，企业能实现效益不断提升的总目标。在总目标实现的基础上，还会形成一系列有形与无形的效果，从而能进一步提升企业的"内力"。

（1）有形效果。TPM 活动带来的有形效果，主要体现在以下 12 点。

① 提高设备的综合效率。对企业设备建立应用档案，通过实时动态捕捉

数据，分析设备的应用状态，提高综合应用效率，降低设备空档期，最大限度提高利用率。

②提高间接部门效率。部门与部门之间密切配合、无缝对接，高效完成工作。

③提高劳动生产率。通过推行 TPM，每一名员工都会进行精准的工作安排，能合理保障时间、提高个体的劳动生产率。

④生产成本降低，不良品率降低。企业设备、部门与个体员工都将纳入系统考核，以保障设备使用安全、劳动生产率合理，由此降低生产成本，并提高良品率。

⑤库存量减少，资金积压减少。

⑥缩短生产周期。随着企业效率的提高，生产周期大大缩短，进一步降低企业成本。

⑦降低人员、设备、产品和管理等的各类损耗，减少浪费。

⑧提高员工的发明创造能力和自信心，形成乐于学习、团结、向上、创新的新企业文化，这样每个员工都会树立"我是项目中心"的心态，从而推动生产。

⑨客户投诉减少、满意度上升，企业凝聚力增强、企业形象改善，在竞争中处于优势地位。树立了"我的设备我负责"的观念，员工则会实施自主维护，设备故障会减少，加班也会减少而收益不变。

⑩提高操作能力和维护技能。员工技术得到认定和提高，能使其对自己的工作产生自信心。

⑪树立改善意识，员工的改善成果受到物质和精神奖励。

⑫企业的效益提升，员工的薪金和福利待遇提高，得到更多的好处。

部分企业管理层认为，TPM 活动适用于大型企业。事实上 TPM 的推行不分企业规模，不论规模大小，只要企业认真推行 TPM，就可以达到以上 12 种效果。例如，一家企业经常需要使用打印机，打印机色带出现故障时，只有一半内容能被打印，久而久之产生了巨大的浪费。一名员工发现了这一问题，并向领导提出了改善方案：打开盒子，把色带撕下来换一个方向再贴上去，封好，再交给生产部门继续打印。这个简单的提案实施之后，不仅打印质量与原来完全一样好，每年还可以节省 18 000 元。这一过程就是 TPM 活动。如果企业能够建立完善的 TPM 精益管理体系，那么这种员工灵机一动带来的变革，就会源源不断地在企业中出现。

（2）**无形效果**。除了有形效果，TPM 活动还会带来无形效果，从深层次给企业带来变革。

①带来企业体系的革新。TPM 活动颠覆了传统生产模式，在企业中，从下至上形成了自主心态。当开展 TPM 活动成为企业习惯，企业体系也将产生革新。

②形成充满活力的企业。每一名员工都是企业生产的关键，都有相应的标准对其进行约束和考核。TPM 活动大大提高了员工的生产活力，企业状态明显改善，员工的改善意识、参与意识也同步提高。

③创建整洁、舒适的工作环境。TPM 活动的核心是设备的保全，势必要进行厂房的环境改造与设备的运行维护。创建整洁、舒适的工作环境，直接改善企业厂房内的环境。

④培养员工的团队合作精神。TPM 活动以小组为单位进行，个体员工需要与其他员工不断合作，从而培养员工的团队合作精神，企业生产效率也会明显提高。

⑤实现企业整个管理体系的变革。

通过 TPM 的推行，企业呈现全新状态，生产效率与员工精神面貌实现全面改善。表 1.1-1 所示为 TPM 给企业带来的变化，这些变化会给企业带来巨大变革。

表 1.1-1　TPM 给企业带来的变化

类别	项目	效果
P（效率）	附加价值生产性	提升至未推行 TPM 前的 1.5~2 倍
	设备综合效率	提升至未推行 TPM 前的 1.5~2 倍
	突发故障件数	减少至未推行 TPM 前的 1/10~1/250
Q（品质）	工程内不良率	减少至未推行 TPM 前的 1/10
	市场投诉件数	减少至未推行 TPM 前的 1/4
C（成本）	制造原价	减少 30%
D（交期）	完成品及中间在库	减少 50%
S（安全）	停业灾害	零灾害
M（士气）	改善提案件数	提高 5~10 倍

3. 合理制定 TPM 的目标

企业开展 TPM 活动，需要根据实际情况制定相应的基本方针与目标，以保证活动有效推进。TPM 的目标表现在以下 3 个方面。

① 目的是什么。企业开展 TPM 活动希望达到怎样的效果。

② 量达到多少。通过 TPM，本次活动需要达到哪些具体数据。

③ 时间表。什么时间在哪些指标上达到什么水平？

制定 TPM 活动目标时，需要考虑的问题顺序是：外部要求—内部问题—基本策略—目标范围—总目标。总目标包括故障率、非运行操作时间、生产率、废品率、节能性、安全性及合理化建议等。图 1.1-11 所示为某企业制定的 TPM 活动方针。

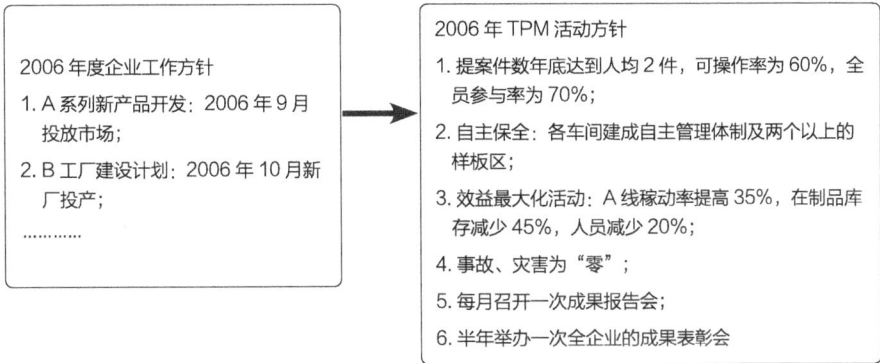

| 2006 年度企业工作方针 | 2006 年 TPM 活动方针 |

2006 年度企业工作方针

1. A 系列新产品开发：2006 年 9 月投放市场；
2. B 工厂建设计划：2006 年 10 月新厂投产；
……………

2006 年 TPM 活动方针

1. 提案件数年底达到人均 2 件，可操作率为 60%，全员参与率为 70%；
2. 自主保全：各车间建成自主管理体制及两个以上的样板区；
3. 效益最大化活动：A 线稼动率提高 35%，在制品库存减少 45%，人员减少 20%；
4. 事故、灾害为"零"；
5. 每月召开一次成果报告会；
6. 半年举办一次全企业的成果表彰会

图 1.1-11　某企业制定的 TPM 活动方针

图 1.1-11 所示为某企业制定的 TPM 活动方针，具体规划了活动的目标、量化数据与时间表，能够保障活动的有效推行与员工的精准执行。TPM 是一项完善的科学活动，必须做到精确、精准，目标的设定要在对现状进行充分调查的基础上进行。这是经过努力可以实现的，但又具有挑战性。反之，则是无效的目标规划。例如，企业的规划是"诚信、优秀，5 年内进入世界 500强"，这种规划没有明确的目标和量化数据，且时间概念模糊，就不能达到效果。

当然，制定挑战性过低的目标，也不利于企业发展。例如，一家已经在市场获得一定市场份额的企业，制定的目标是"一年内将生产效率提高 5%、一年内管理费用降低 3%、合格品率维持在 65% 以上"，这与该企业已完成项目过于接近，并不具备挑战性，难以激发员工"我的设备我负责"的理念，属于失败的 TPM 活动目标。

4. 避免 TPM 认知的十大误区

TPM 尽管是一套行之有效的企业精益管理模式，但由于多数企业对其了解有限，所以存在部分认知不足。在企业内推行 TPM 时，要避免十大误区。

（1）误区 1：零故障永远不可能实现，TPM 不现实。

TPM 的目标是实现设备零故障，但这一点在部分企业管理层看来是不合实际的，他们认为"设备总会出毛病"，由此认定 TPM 不过是一种噱头，无法真正实现。事实上，实现零故障是一个非常漫长而艰难的过程，但不是不可以实现的，例如日本新干线通过引入 TPM 活动，就实现了 37 年的零故障。TPM 会将设备风险降至最低，只要能够按照 TPM 的要求不断深化，就可以实现这一追求。

（2）误区 2：采用软件就能实现 TPM 活动的推行。

部分培训机构在讲述 TPM 时，往往将重点放在 TPM 管理软件上，给企业高层带来"只要采用软件就能实行 TPM"的错觉。结果，这些企业花了不菲的价钱购买 TPM 管理软件后，TPM 管理运行却并没有达到预期效果，反而增加了企业的成本。

造成这种情况的原因是，部分机构忽视了"人"对于 TPM 活动的作用，一味强调 TPM 软件的便捷性，甚至有些软件是来自不同行业的其他企业，企业使用这些软件进行 TPM 管理自然无法取得预期的效果。企业对于 TPM 认知出现明显偏差，只是机械地使用软件进行记录，并未深谙 TPM 精髓，对 TPM 如何进行管理并未真正了解，结果导致事倍功半。

（3）误区 3：样板机台做到了就可全面做到。

部分企业在实施 TPM 之初，为了确保效果，会采取少量典型设备测试的方法，以此判断 TPM 是否适合本企业。看到样板机台效果明显，企业就在所有设备上进行推广，最后却发现全面铺开很难取得样板机台那样好的改善效果。之所以出现这样的现象，是因为样板机台数目较少，高层较容易关注到位，样板机台人员往往又是优中选优予以安排的，加上资源的倾斜，样板机台就能取得良好的效果。但是当全面铺开后，领导对其的关注开始减少，不再按照严格的标准执行，导致问题频发。想要杜绝这种误区，就必须让 TPM 真正成为企业文化，能够有效与企业结合，而不是单纯地将其当成工具。

（4）误区 4：TPM 是一线员工的活动，高层不必深度参与。

TPM 的主要活动在一线进行，包括车间、仓库等，所以部分企业领导层认为自己不必参与，只要一线工人操作即可。但一旦发现效果不佳，其就开始批评下属没有执行力。其实，实施 TPM 需要高层的深度参与，提供人力、财力等。TPM 的核心是"全员参与"，高层也不例外，只有高层深度参与，才能真正带动全员的改善积极性。

（5）误区 5：认为硬件的意义超过软件。

随着自动化加工、人工智能时代的到来，越来越多的设备离不开软件的驱动。在开展 TPM 活动时，要避免只关注设备硬件、忽视与其配套的软件的问题。在实施 TPM 的过程中，很多企业都只重视硬件保全保养（例如马达、皮带、齿轮等），却忽略设备控制软件的保养，导致找不出问题的根本，反复维修，浪费时间成本与人工成本。进行 TPM 时，同样需要进行软件维护，包括校正性保全、适应性保全、完善性或增强性保全、预防性保全等，只有让 TPM 活动变得完善，才能真正发挥 TPM 的价值。

（6）误区 6：TPM 只是一种高级的生产设备管理方法。

很多企业对 TPM 的认知，仅仅只是"它能够维护生产设备的安全，其他没有效果"。事实上，TPM 不仅是针对生产设备，而且是针对整个生产工作流程。所谓的设备是有形固定资产的总称，土地、构造物、机械、装置、车辆、船舶、备品等固定资产都属于设备。TPM 精益管理的方向是整个企业。

（7）误区 7：TPM 管理比设备管理要高级。

TPM 是一种管理方法与模式，它同样属于管理学范畴，不可对 TPM 产生过分的渲染，否则就会忽视其他方面的管理。在进行 TPM 管理的同时，还要注意如 ISO55001、以可靠性为中心的维修、价值驱动维修等诸多管理模式，这样才能构成更加完善的企业管理架构。企业在实施 TPM 设备管理时，不能急于求成，要慢慢摸索，并结合自身实际情况，这样才能避免误区、达到理想效果。

（8）误区 8：TPM 有立竿见影的效果。

不少企业看到丰田、三星、海信的 TPM 案例后，认为 TPM 是一种立竿见影的管理模式，企业只要引入，就会快速产生积极的效果。但是，TPM 在短期内很难取得巨大的变化，这是因为它需要不断对员工进行培训，还要解决企业过去存在的问题。

例如，很多企业的诸多设备由于历史"欠账"太多，单是做好每一台设备的清扫，恐怕就需要一年半载的时间。即便引入 TPM 活动，也需要经过一段时间后才能逐渐产生效果。同时，清扫只是 TPM 中的一小部分工作，还有诸多专项工作要做，例如点检、润滑、定期维护、状态监测等。TPM 是一项需要不断深化、不断培训的内容，企业必须沉下心才能使其发挥出重要的作用。

（9）误区 9：TPM 活动只须在维修部门展开即可。

TPM 活动的重点是设备保全，所以部分企业领导层认为：这是针对维修部门的工作，其他部门无须学习。这是对 TPM 认知不足造成的误区。TPM 活动的开展，除了维修人员的工作外，还取决于操作人员的技能水平、接班的顺利程度、物流系统的响应速度、来料的可生产性、所采购的备件的可用性与及时性。如果只在维修部门开展 TPM 活动，忽视全员参与的重要性，那么最终一定会以失败告终。

（10）误区 10：自主保全可以取代专业保全。

在 TPM 活动中，自主保全是核心，它的确可以解决非常多的设备故障问题，但这不等于专业保全人员的工作可以被取代。专业保全所需的设备专业知识、资质，是绝大多数生产操作人员在短期内难以达到的（例如对一条包含流水线、机器手臂、电气检测装置的自动化生产线的拆装）。

生产操作人员参与专业保全，可提高其设备维护的水平，并且会在一定程度上缓解专业保全人员的工作负荷，但专业保全维修人员依然需要进行专业化的保全。只有自主保全与专业保全相配合，TPM 活动才能真正落地。

1.1.6　TPM 活动组织架构

推行 TPM 活动前，需要建立完善的活动组织架构，整理企业总体设备维修组织体系。TPM 的活动组织架构，主要由企业、厂、车间和生产小组组成。

1. TPM 活动的组织架构

图 1.1-12 所示为 TPM 活动组织架构，从总经理到一线小组都被纳入其中，形成完整的管理体系。TPM 活动组织架构具有两个特点。

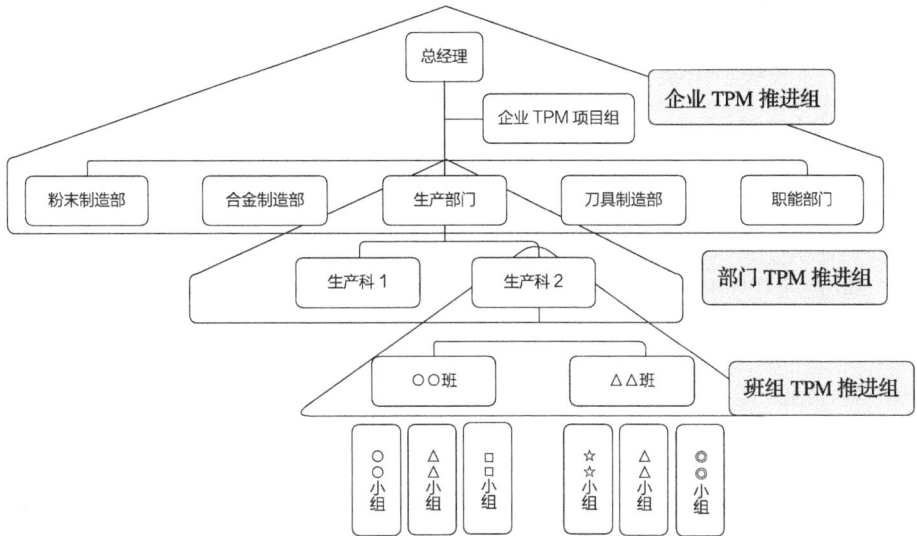

图 1.1-12　TPM 活动组织架构

（1）**TPM 推进机构**。建立各级 TPM 推进组和专业组织，推进组会不断审查活动的推进情况，各个组织进行具体的活动执行，并向上级负责、向下级传达任务。

（2）**树状结构**。TPM 的组织机构是从企业最高 TPM 推进组直到各分厂、车间、工段推进组，再到 PM 小组，层层指定负责人，赋予权力与责任。企业、部门、分厂级的推进组应该是专职和脱产的。同时，企业还应成立各种专业的项目组，对 TPM 的推进进行技术指导、培训，解决现场推进困难，因此这是一个纵横交错的树状结构。

TPM 活动的组织架构也可以在企业层次的基础上加以改造而完成，从企业最高领导人开始，一层层建立 TPM 推进组。上一层次的推进组成员即是下一层次推进组的负责人，保障活动层层推进。

根据企业的类型与实际情况，在建设 TPM 活动组织架构时，应灵活调整，让所有参与生产与维修保全的机构都被纳入其中。例如，对于发电厂的 TPM 活动组织架构，应包含炉务检修、机务检修、电气检修、热控检修、输煤检修、除灰脱硫检修和化学检修等多个部门。

2. 组织架构的功能

TPM 各级组织架构会在 TPM 活动中承担不同的功能，建立由上至下完善的 TPM 体系。

①通过企业、厂、车间、班组 4 个层次的组织，落实各个层次以及每一个员工在 TPM 活动体系中的职能。

②企业 TPM 推进组的基本职能是：制定 TPM 方针；批准推进计划书；评价改善效果；召集年度 TPM 大会；审议和决策企业推进工作的重大事项。

③企业 TPM 推进组要下设办公室，作为日常管理机构，其基本职能是：制定 TPM 目标计划，确定推进方法和方案；策划、主导整体推进活动及各项活动任务的部署；制定培训计划，组织实施员工教育培训；制定考核评价标准，并主持评审；协调处理各种与推进活动相关的其他事项。

④部门厂、车间的组织职能与企业的职能相似，要分工清楚、责任明确，以形成齐抓共管、密切配合、全员参与的局面。

3. TPM 推进的四方管理机制

TPM 活动的推进将会建立四方管理机制，从领导层、操作者、专业保全、设备管理 4 个方面进行推进。图 1.1-13 所示为 TPM 推进的四方管理机制，说明了四方在 TPM 活动中的职责。

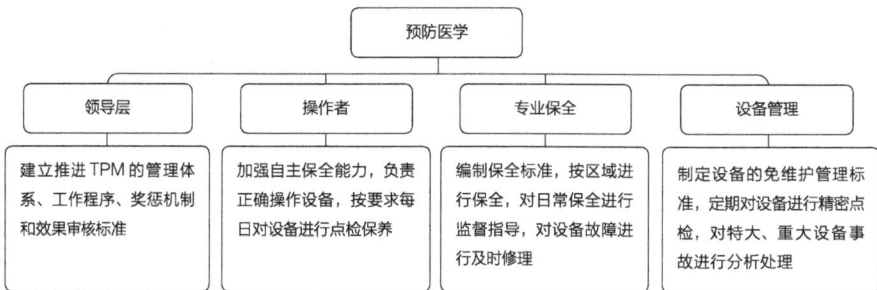

图 1.1-13 TPM 推进的四方管理机制

四方管理机制从人、物、板 3 个维度推进活动的进行。表 1.1-2 所示为 TPM 活动的人、物、板，三者是 TPM 活动执行的关键。

表 1.1-2　TPM 活动的人、物、板

维度	对象	作用
人	活动的主体	TPM 活动执行人
物	活动的对象	TPM 活动执行对象
板	（活动板）工具	信息交流
		情报共享
		自我展示

　　TPM 会以三大活动形式展开，以现场为中心的自主管理、以效益为中心的个别改善、以员工为中心的提案改善。最终，企业实现既定目标。TPM 的最高境界就是"无为而治"，每一次项目通过完善的标准书进行，每一个环节环环相扣，最终完成目标。

4. 旧管理模式的弊端与 TPM 的推进方法

　　与全新的 TPM 管理模式相比，旧的组织管理方式在传统设备管理方面也曾经起到过积极作用，但是，由于车间设备管理的外延和内延的范围明显扩大，这种管理方式已经越来越不能适应现代化、社会化大生产的需要，更不能适应设备综合管理的需要。

　　这种管理方式的弊端主要在于：技术和管理的分离，管物（实物形态）、管值（价值形态）和管人的分离，缺乏管理的系统性。值班长常因技术和业务权限上的限制，造成管理上的脱节，顾此失彼，管理效果下降。

　　而设备管理员则无法发挥管理上的主观能动性，管理任务时常因为管理权限的限制而无法及时完成，使工作质量无法满足设备管理的技术要求，形成"两张皮"。这种设备管理组织机构设置的不合理造成了管理权限不清、责任不明，管理上出现的层次多且交叉、重叠和出现"真空"现象，成为管理上的瓶颈。

　　企业推行 TPM 就是为了杜绝旧的管理模式所存在的弊端，它主要从三大要素方面下功夫，提高（操作、工作）技能、改变（工作、精神）面貌、改善（企

业、操作）环境。TPM 的推进主要遵循以下具体步骤。

（1）**准备阶段**：引进 TPM 计划，创造一个适宜的环境和氛围。

（2）**开始阶段**：TPM 活动的开始仪式，通过广告宣传制造声势，如同下达产品生产计划书。

（3）**实施推进阶段**：制定目标，落实各项措施，步步深入，相当于产品加工、组装过程。

（4）**巩固阶段**：检查评估推行 TPM 的结果，制定新目标，相当于产品检查、产品改进过程。

（5）**领导宣布引进 TPM 的决心**：以领导宣布引进 TPM 开始，表示决心，提高员工积极性。

1.2 从 TPM 到 KTPM

随着 TPM 在中国落地与不断发展，它与中国的商业环境相融合，呈现出新的面貌与特色，从而 KTPM 诞生。KTPM 具有怎样的特点，又该如何有效推行？

1.2.1 什么是 KTPM

2009 年，新益为咨询在全国不断开展 TPM 管理课程，将 TPM 模式积极引入中国。随着对中国企业的不断分析，结合中国企业的特点，新益为咨询不断探索，创新出更符合中国商业文化的 TPM 新模式，即 KTPM。

KTPM 是"全面改善生产保全"的简称，是以提高设备综合效率和有效生产率为目标，以维修系统解决方案为载体，以持续改善为核心，以全体人员参与为基础的生产和设备维护、保养体系。图 1.2-1 所示为从 TPM 到 KTPM，可以看出 KTPM 与 TPM 的不同。

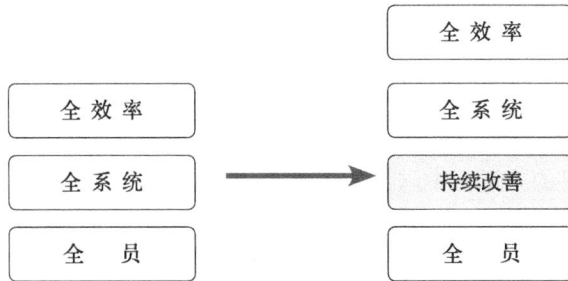

图 1.2-1 从 TPM 到 KTPM

KTPM 是持续改善的 TPM，更符合中国特色，它是全员参与、步步深入的管理模式，是通过制定规范、执行规范、评估效果，不断改善来推进的 TPM。

1.2.2 KTPM 的定义

KTPM 是"TPM+Kaizen"，就是"Total Kaizen Productive Maintenance"，其含义为"全面改善生产保全"。4 个单词分别代表 4 个不同的内容。

1. T（Total）：全面

包括生产部门及各种管理部门等企业内的全体部门人员都参加。

2. K（Kaizen）：持续改善

涉及企业每一个人每一个环节的、幅度小的、持续的、稳定的改进。

3. P（Productive）：生产

包括生产、教育等制造效益的所有业务。

4. M（Maintenance）：保全

以追求效率的极限为目的，将生产体系维持在理想状态的活动。

对比 TPM，KTPM 融入了"持续改善"的理念，这是由中国特色的商业模式决定的。新千年以来，中国的经济增长全球瞩目，众多跨国企业不断在中国布局，新兴企业快速成长，中国从过去的"世界加工工厂"开始向"世界创新工场"转型。

这个阶段，中国企业的生产规模、生产效率都必须达到一个全新的标准，才能满足世界客户的需求。所以，在做好 TPM 的基础上，"持续改善"就成为占领竞争先机的关键。中国企业多数采用"24 小时不间断"工作的模式，设备处于高负荷运载之中，所以就必须建立持续改善的模式，对设备进行全方位维护与保养，以推进生产的有序进行。

1.2.3 什么是正确的 KTPM 管理

正确的 KTPM 管理，就是在遵循 TPM 的基础上进行持续性的改善，每一天、每一个人、每一处都必须进行改善，以推行生产。

1. 建立规范的 KTPM 管理体系

KTPM 管理体系有一套完善的标准，需要企业严格执行。这套标准分为以下 5 个阶段。

（1）KTPM 第 1 阶段：初期清扫。开展 KTPM 活动，第 1 阶段的重点工作是初期清扫。这个阶段的工作是通过现场对设备的保全维护，让工作场所变成一个整齐洁净、舒适美观的场所。通过第 1 阶段的实施，设备得以快速维护，能保证生产的进行，同时改变了员工的认识，强化了员工的执行力，并在实施过程中培养了员工发现现场问题的能力。

（2）KTPM 第 2 阶段：困难点 / 发生源对策。KTPM 第 2 阶段的重点工作是对困难点 / 发生源进行改善。在第 2 阶段，企业会看到之前没有暴露的问题，尤其是难点和薄弱点问题。所以应对身边的内容着手进行改善，以取得实质性的效果，提前处理风险和隐患，避免未来工作中出现设备故障。通过这个阶段，员工能够加强自信，企业也能逐步培养出员工改善的能力。

（3）KTPM 第 3 阶段：总点检。KTPM 第 3 阶段的重点工作是总点检。让员工深入了解设备，了解与自己朝夕相处的生产现场，并掌握点检的技巧，对设备进行日常与周期检查，形成自主管理模式，通过标准化的日常管理，建立一个防患于未然的机制。通过这个阶段的工作，员工的现场改善能力大大提高，并乐于参与 KTPM 活动，从中获得经验，为最终建立自主管理体制奠定了坚实的基础。

（4）**KTPM 第 4 阶段：提高点检效率**。KTPM 第 4 阶段的重点工作是提高点检效率，实现更为快捷的目视化管理。KTPM 活动会建立更加敏捷的管理思路，利用目视化管理这个工具，提高点检效率、提高劳动生产率，让每一名员工都能掌握 KTPM 技巧，从而快速投入工作。

（5）**KTPM 第 5 阶段：自主管理体制建立**。KTPM 第 5 阶段的重点工作是建立自主管理体制。经过了一段时间的 KTPM 推行，企业的基本目标已经实现，全员都能掌握 KTPM 工作的技巧，从而此时需要建立全员参与的自主管理体制。在这个体制下，员工可以自己解决各种各样的设备问题，还能够积极防止设备瑕疵的出现，达到故障、不良、浪费的"零"目标。

2. 建立全员"极致思维"

要想正确推行 KTPM，就必须建立"极致思维"，让 KTPM 真正与企业融合，成为企业的"DNA"，时时刻刻推行 TPM 活动。图 1.2-2 所示为 KTPM 的核心点，它们可以让企业实现持续化的全员生产维护。

图 1.2-2 KTPM 的核心点

与日本、韩国、美国的企业相比，中国企业的现代商业模式建立时间较晚，因此在推行 KTPM 管理时，存在一定的障碍。以下为 10 种在推行 KTPM 时容易出现的不良心态，企业应当注意。

① 本位思想：我们一直在努力做，是其他部门的素质太低，导致企业整体工作不到位。

② 悲观情绪：不可能吧，成本、故障、效率能这么好，不可能！

③ 畏难思维：问题那么多，这么多年来都没有解决，不可能做好的。

④ 盲目乐观：我们几年前就这样做了，而且一直在这样做，做得不错，不再需要改变了。

⑤ 无所谓思想：无所谓，领导怎么说，我们就怎么做。

⑥ 一叶障目：我们请外国专家现场指导过，不需要改进了。

⑦ 漠不关心：KTPM 确实不错，但我们有我们的实际问题。KTPM 对我们没什么用。

⑧ 教条主义：降低成本会影响质量的。

⑨ 对立思想：我们不知道该怎么做，咨询公司拿意见吧，你们不是专家吗？

⑩ 不良企图：我们要借机打败对手，以实现谋划已久的企图。

这几种心态，从企业老板、高层领导到一线员工都存在，是影响 KTPM 推进的主要障碍。企业要想让 KTPM 真正落地，帮助实现生产高速高效、降低企业成本，就必须摒弃这些心态，建立对科学管理模式的正确认知。

第2章

设备零故障管理

设备是企业开展生产经营活动的物质基础，良好的设备技术状况是实现安全生产、高效生产和保证产品质量的前提。所以，企业必须保证设备处于零故障状态，引入精益管理的思想，形成精益TPM，保障设备始终处于高速稳定的状态。

2.1 什么是设备零故障管理

设备零故障管理是实现 TPM 的重要内容。保障设备处于零故障状态，能够有效保证生产工作持续进行，从而能实现 TPM 的目标。

2.1.1 什么是故障

解决设备故障之前，首先要了解什么是故障。

从结果来看：故障是设备失去原有的功能。

从原因来看：故障是人"故意"引起的"障碍"。

综合这两点，故障就是设备、物品等丧失规定的功能。

在工业生产领域，故障的意思是"故障是人故意引起的障碍"，即意味着故障是由人的思考方式和行为的错误而引起的。

企业出现的故障多数都属于功能停止性故障与功能下降性故障。功能停止性故障往往是突发性故障，其原因易于查明，原因和结果之间的关系比较明显，因而也比较易于制定对策。与此相反，在非突发性情况下，造成故障和不良的原因很少只有一个，常常很难明确了解真正的原因，即原因与结果之间的关系不太明显，因此比较难以制定对策。突发性故障一旦发生，则损失较大，故而企业都会迅速想办法解决。

功能下降性故障属于隐性慢性故障，是指设备没有达到其原有功能，但由于每次造成的损失不大，因而常常会被忽视。无论哪一种故障，都会导致生产设备无法正常运转，影响企业的生产。

无论故障的大小，即便是小瑕疵，企业也一定要养成追根问底的习惯，迅速对故障进行排查，彻底了解设备原有的状态，例如安装精度、装配精度、操作环境、使用条件、材质强度等，并把导致出现异常的原因一一列出。只要有可疑之处，就必须将其完整登记在表中，随后通过 TPM 活动进行解决。这项工作应当在全员中开展，仅靠一两位技术人员，是很难解决此类问题的。如果不去探究真正的问题出在哪里，有的企业甚至会减少生产周期时间、降低故障发生率，那么就会使这种故障永远被潜藏，却不断干扰企业正常的生产工作。

解决故障，就是解决"人"的问题。当企业内员工的思考方式和行为得以转变，能够正确认识"故障并非设备本身的原因"时，就能有效解决设备故障问题，实现设备零故障的管理追求。

TPM 活动的核心，在于借助科学的管理体系，提高"人"的主观能动性，从而解决设备的问题。这与传统管理中"设备管理是孤立的工作"有本质不同。

2.1.2　缺陷转化为故障

设备出现故障，并不是没有缘由地忽然产生的。事实上，设备在出现故障和劣化前已经有很多迹象表现出来，此即缺陷。缺陷是故障出现的前提；当缺陷积累到一定程度后，故障就会产生。图 2.1-1 所示为缺陷转化为故障的过程。

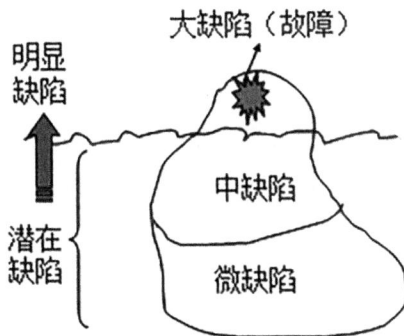

注：即使没有大缺陷，但缺陷还在积累（按照微缺陷→中缺陷→大缺陷的顺序）

图 2.1-1　缺陷转化为故障的过程

所谓缺陷，其定义为：引起故障、品质损失等的设备方面的原因。设备出现缺陷，通常会有以下表现。

① 安全保护不全面或不能正常工作。

② 安全设施不全或不合格。

③ 系统或设备标志不全、不明确。

④ 渗漏，包括漏油、漏水、漏气、漏风、漏灰、漏烟、漏煤。

⑤ 仪器、仪表指示显示不准，整定不符合要求。

⑥ 运行设备和备用设备发生异常。

⑦ 系统与设备的性能或功能与设计不符（已变更并办理变更手续视为等同于设计状态），或影响人身和设备安全、经济运行。

⑧ 其他影响经济运行及文明生产的异常现象。

缺陷根据严重程度，分为不同的类型。

1. 大缺陷

也称危急缺陷，指设备的缺陷直接威胁设备和人身安全，随时都有发生事故的可能，会单独引起故障，造成品质损失。此类缺陷往往较为明显，很容易被发现。

2. 中缺陷

也称一般缺陷，对设备和人身安全威胁不大，但如果两个或几个问题点相互作用，就会引起损失。此类缺陷通常有迹可循，只要稍加分析就能发现其中的问题所在。

3. 微缺陷

所谓微缺陷，是指那些缺陷不明显，对不良、故障等影响小的缺陷。例如，灰尘、污垢、松动等。微缺陷通常对设备、故障及品质不良等损失没有影响，但将来能够发展为中缺陷、大缺陷，引起损失。

三类缺陷中，最需要引起注意的是微缺陷，它们往往不容易被发现，很容易被忽视。如灰尘、污垢、磨损这类并不容易引起重视的缺陷，却往往容易产生致命问题，导致设备产生巨大问题。微缺陷的数量与种类非常多，它们都是 TPM 活动特别关注的。

灰尘、污垢之类的微缺陷，不容易引起企业的重视。但随着时间的积累，灰尘等会在设备表面、内部不断累积，在设备运行过程中对设备产生划痕；划痕不断积累，会导致存水、存污等现象，继而产生电化反应，从而产生如腐蚀、松动、振动等情况。最终，这类微缺陷转化为中缺陷、大缺陷，直接引发故障。与其他因素重合后，微缺陷会产生更大的影响。图 2.1-2 所示为微缺陷引发的不良后果，会导致企业陷入恶性循环。

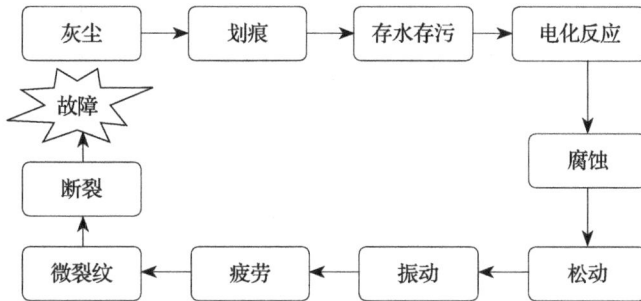

图 2.1-2 微缺陷引发的不良后果

微缺陷虽小，不容易被发现，却是设备出现故障的起点。所以，要想实现设备零故障管理，就必须从微缺陷入手，借助 TPM 管理模式，提前发现问题、解决问题。

2.1.3 设备故障的主要原因与分析方式

导致设备故障的原因有很多，但 70% 以上都来自润滑与清扫的不良。这一点已经在工业生产领域得到公认。图 2.1-3 所示为设备故障的主要原因，从中可看出造成设备故障的原因有很多。

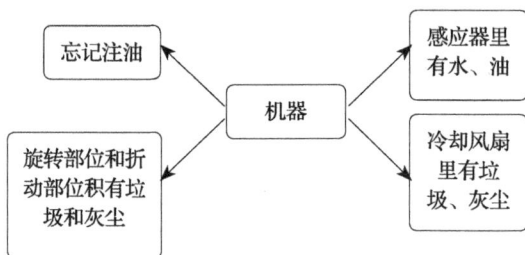

图 2.1-3　设备故障的主要原因

1. 设备故障的主要原因

（1）**一般设备故障**。因保全、使用不善而导致设备故障停机造成时间损失和由于生产缺陷导致数量损失。

因突发故障造成的突然、显著的设备故障，通常是明显并易于纠正的。但出现这些故障是由于频繁的或慢性的微小故障经常被忽略或遗漏，应当引起员工的重视。

由于突发性故障在整个损失中占较大比例，所以许多企业都投入了大量时间努力寻找这种故障产生的原因，以避免这种故障的出现，然而，要消除这些突发性故障是很困难的。所以，企业必须进行提高设备可靠度的研究，改变传统故障维修中突发故障是不可避免的观点。

（2）**品种转换**。主要因生产计划调整、产品更换等导致的停机，给设备带来损害。此类损失属于生产计划调整造成的损失，属于典型的人工损失。

（3）**待料**。因物流供应不畅、误操作而停顿或机器空闲时发生短暂停顿而产生的停机，给设备带来故障。例如，有些工件阻塞了滑槽顶端，导致设备停顿；因生产了有缺陷的产品，传感器报警而关闭了设备。这种停顿有别于故障停机，因为除去阻塞的工件和重新启动设备即可恢复生产。

（4）**修复不良**。因对不良品进行修复而造成设备重复作业，给设备带来故障。

（5）**治工具使用不当**。因治工具不合理或使用、摆放方法不当造成设备运行不协调，给设备带来故障。

（6）**启动空转**。因设备从启动到开始稳定生产之间的空转而导致设备故障。损失的程度因工序状态的稳定性，设备、夹具和模具的维护水平，操作技能的熟练程度而异。这项损失较大，而且是潜在的。在实际生产中，企业通常会不加鉴别地认为产生开工损失是不可避免的，因此很少对其加以消除。

（7）**时转时停**。因多处设备出现短促多发的 10 分钟以下的故障，导致的生产线时转时停，导致故障出现。

（8）**速度低下**。因各种原因而导致设备实际运转速度低于设计速度，导致设备出现故障。速度损失对设备效率的发挥产生了较大障碍，企业应当仔细研究，以消除设计速度和实际速度二者之间的差别。设备实际速度低于设计速度或理想速度的原因是多种多样的，如机械问题、质量缺陷、历史问题或者设备超负荷等。通常，通过查找设备的潜在缺陷，有助于问题的解决。

（9）**生产不良**。设备在加工过程中，制造出不良品而导致设备出现故障。通常，突发性缺陷可以通过将设备重调至正常状态来消除，这些缺陷包括缺陷数的突然增加或其他明显的现象。而慢性缺陷的原因难于发现，常被遗漏或忽略。

以上 9 类设备故障的主要原因，既有微缺陷积累造成的，也有生产规划偏差造成的，还有人工操作不当造成的。企业要结合 TPM 活动，进行有针对性的调整，才能杜绝设备故障频发。

2. 设备故障的分析方式

设备故障的分析方式很复杂，涉及的内容与技术非常广泛，对每种设备故障进行分析都需要有相应的知识与经验。目前，设备故障的分析方式主要有 3 种。

（1）**故障诊断分析方式**。故障诊断分析方式主要借助各类诊断仪器，对运行中的设备进行监测和诊断，从中找到故障的原因，同时分析未来可能出现的趋势。这种诊断分析方式需要将设备停运，然后对故障设备解体进行检查和检测，验证故障结论并与诊断分析结果对比。其方法包括腐蚀监测、振动监测、温度监测、声音监测、润滑监测等。

（2）综合统计方式。综合统计方式是最常见的设备故障分析方式，是对工厂设备总体发生故障的概率进行分析。这种方式的特点是能够分析设备发生故障的概率，如按故障发生的现象或原因分类的故障概率，某类大量使用的设备所发生故障的不同类型的概率。针对发生概率高的设备故障，企业应制定技术或管理措施，找出减少该种设备故障的方法，加以实施。

（3）典型失效分析方式。对于某些重要设备发生缺陷和失效，或者经常发生的失效模式，需要采用典型失效的分析方式，利用技术分析的手段和借助专业分析仪器找到问题所在。典型失效分析方式会采取以下两种模式展开。

① 破坏环境分析：对设备工作环境中的介质、温度、压力、有害物质、腐蚀产物或大气质量等进行分析。

② 模拟分析：模拟失效构件的工作条件，以验证失效分析的结论。

2.1.4 实现零故障的方法

TPM 的管理目标是实现设备零故障。TPM 是对设备的维护管理，企业在设备上的高支出似乎是理所应当的，没有人会想办法从设备上节约成本。实施 TPM 管理能够有效延长设备的使用寿命，间接缩减成本。

想要实现零故障，就需要注意以下内容。

1. 建立零故障的基本思考方式

首先，我们要意识到：设备的故障是人为的。想要实现设备零故障，就必须改变人的思考方式和行动，从"设备会发生故障"的思考方式转化为"设备不发生故障"的思考方式，最终形成"设备可以达到零故障"的思考方式。

设备零故障并非不可达到，只要找到合理的方法与技巧，即可实现这一追求。图 2.1-4 所示为设备零故障的 4 个基础条件，这是实现设备零故障的前提。

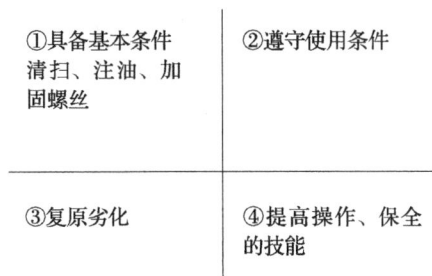

①具备基本条件 清扫、注油、加固螺丝	②遵守使用条件
③复原劣化	④提高操作、保全的技能

图 2.1-4　设备零故障的 4 个基础条件

日常工作中注意进行清扫、注油、加固螺丝，遵守作业指示书、基准书的相应要求，注意复原劣化，并不断提高操作、保全的技能，设备零故障就可以顺利实现。这要求企业必须开展专业的 TPM 活动培训与推广，图 2.1-5 所示是为了满足设备零故障的 4 个基础条件开展的工作，开展这些工作会有效建立全员 TPM 意识。

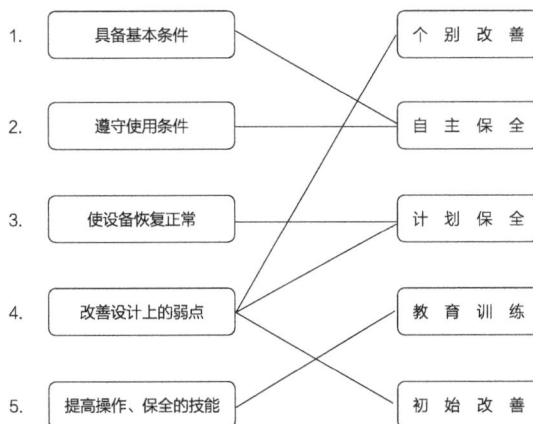

图 2.1-5　为了满足设备零故障的 4 个基础条件开展的工作

在日常工作中，要想实现设备零故障，就需要实施流程式生产设备的保全对策，运用"机会保全"，最大限度地减少保全成本。尤其是在生产淡季、节假日、停产期进行保全，更能保障设备的健康与安全度。

实施流程式生产设备的保全对策，主要应从以下3个方向入手。

首先，将状态检测与人工巡回点检进行有机结合，做好预防保全：对于适用于振动监测、红外监测或油液分析诊断的流程式生产设备，要积极引进这些先进手段和技术，及时预测隐患，将故障消灭在潜在状态。

其次，进行"总成"替换，降低全线的停机台时，即某些流程式生产设备在实施在线维修时，往往因位置不便、工况恶劣或维修难度较大而导致维修时间过长。这时可采取整体快速拆、装"总成"（即相对独立地构成设备局部的部件），进行线下维修，可大大减少全线停机的时间。

最终，进行"同步检修"，降低全线的停机台时，即在某一局部进行停机检修时，也对全线进行检修，既处理以前因无法停机而暂存的隐患，也检查是否有新隐患产生。

2. 故障解析和问题处置

排查设备存在的微缺陷、分析问题存在的可能性，进行故障分析与问题处置，并不断进行数据积累，这是实现设备零故障必须做的工作。

（1）**现象的明确化**。发现设备出现问题，维修员工必须亲临发生问题的场所，查看发生问题的实物，了解当时的生产实况，包括有无前兆等，并做详细的记录。

（2）**临时处置**。维修员工必须在现场进行快速前期处理。如果是零部件破损，则给予更换，这样设备就可以重新启动了。临时处置可以使生产快速恢复正常。

（3）**追查原因**。除了进行现场处理，维修员工还应当把握现场的实际情况，并结合检查清单的方法进行追查，既要注意不要遗漏关键项目（广度），又要保证能够深入发掘真正的原因（深度）。原因复杂时，还可以考虑采用PM（事物原理原则的方法）分析技术。

（4）**对策**。维修员工在查到真正原因后，就要及时采取相应的恢复、改善措施。不能拖延，否则容易忘记而造成其他影响。如果出于技术、资金、时间等方面的困难，一时难以完全落实，也要制定详细的计划来保证。

同时，对于类似的设备、结构，相关人员也要进行排查和处置，这叫作水平展开，保证同类问题不会再次发生。

（5）反省和标准化。TPM 小组应当根据汇总数据，思考有什么好方法可以预知故障的发生，从而做好事前控制。另外要确认有无日常点检项目，标准是否适合要求等。同时，研究如何让劣化的异常征兆能够看得见（预知保全）也非常重要。

（6）针对困难部位的对策。部分设备存在困难部位，它是清扫、点检、加油不易进行或进行起来十分费时的部位。这些部位存在清扫与维护困难的现象，应采取更加有针对性的方式进行保全。

例如，设备核心部件太靠近地面，致使排水及加油器的点检困难，可以将其移动至容易点检的位置；对于三角皮带的点检，将其设置为透明窗口，这样每次不需要卸下覆盖，就能从外边予以检查；其他如将杂乱的配线进行整理、舍弃在地上直接配线等，均有助于清扫工作的进行。

（7）断绝发生源。如果设备已经出现故障，操作员必须对发生源进行断绝，避免问题进一步扩大。所谓断绝发生源，就是掌握污垢、泄漏（油、空气、原料）的发生源，并加以改善。

例如，油压配管接缝部的泄漏，或加入过多润滑油所引起的油垢，操作员应调整油量来断绝泄漏、油垢等的发生源，快速针对出现污垢的部位进行现场处理。

3. 实现零故障的具体方法

要实现零故障，我们可以从以下内容着手。

（1）完备基本条件。

① 制定设备清扫及油污源头防止的对策。

② 制定锁紧螺丝以及防止螺丝松脱的对策。

③ 列出加油部位及加油方式的改善对策。

④ 清扫、加油基准的制定。

（2）遵守使用条件。

① 设定设计能力与负荷的界限值。

② 制定超负荷运转的对策。

③ 使设备操作方法标准化。

④ 设定并改善组件及配件的使用条件。

⑤ 设定并改善施工基准，包括安装、配管、配线基准。

⑥ 回转折动部的防尘、防水。

⑦ 完善环境条件，例如温度、湿度、振动幅度、冲击力度等。

（3）使劣化恢复正常的要领。

① 劣化的发现与预知。这项工作包含以下内容。

共通组件的五感点检与劣化部件的发掘。

设备固有项目的五感点检与劣化部件的发掘。

日常点检基准的制定。

故障部件分析与使用寿命推定。

更改界限值基准的制定。

点检、检查、更换基准的制定。

检查异常征兆的捕捉法。

检查劣化预知参数的测定方法。

② 修理方法的制定。修理方法的制定包含以下内容。

分解、装配、测定、更换方法的基准化。

使用配件的共通化。

工具、器具的改善专用化。

从结构面考虑容易实现的改善。

TPM 设定备品的保管基准。

（4）改善设计上的弱点。

为了延长使用寿命而提高强度的对策，会对结构、材质、形状、尺寸精度、安装精度、安装强度、耐磨耗性、耐腐蚀性、表面粗糙程度、容量等进行改善，包括 3 点内容。

① 动作应力的减轻对策。

② 避免超过应力的设计。

③ 对设备进行日常维护保证 TPM 设备零故障的目标。

（5）**防止人为失误。**

① 防止操作失误。首先，要做好防止操作的失误，主要包括以下内容。

操作失误的原因分析。

操作盘的设计改善。

连锁（Interlock）的附加。

制定防呆（Fool-proofing）对策。

进行目视化管理。

操作、调整方法的基准化。

② 防止修理失误。其次，要做好防止修理的失误，主要包括以下内容。

修理失误的原因分析。

对容易出错的形状及安装方法加以改善。

制定备品的保管方法。

道具、工具的改善。

制定故障追踪的步骤化、容易化对策（进行目视化管理）。

（6）**保养技能。**

① 点检、检查（测定）诊断、修理、完备。

② 故障追踪。

③ 故障解释。

（7）**运转技能。**

① 运转、操作、点检、加油。

② 前置作业、调整、异常征兆的发现。

4. 局部改善

设备出现故障的原因有很多，且既会出现规律性故障，也会出现无规律的突发故障。所以，在做好预防保全的基础上，TPM 还会进行局部改善工作，进一步加强对故障的管理。所谓局部改善，是指对现有设备局部地进行改进设计和改造零部件，以改善设备的技术状态，更好地满足生产需要。

局部改善主要通过以下两种方法进行。

（1）**群众性局部改善**。群众性局部改善会与操作员的自主保全相结合，由一线操作员组成 TPM 小组，针对设备的一般缺陷列出课题、分析研究，提出合理化建议。然后，操作员自行动手逐个解决如漏油、点检不便、不安全、工具与零件存放不便等缺陷。工厂把实现合理化建议的情况作为评估各单位 TPM 开展效果的重要指标。这种小组形式的 TPM 活动，是企业开展 TPM 活动的重要方法。

（2）**专业性局部改善**。对于设计漏洞较多的设备和生产的重点设备等，应进行专业性局部改善。由设备管理部门、维修部门、生产现场人员组成设计小组，针对问题花大力气进行改进设计、消除缺陷，达到要求的技术水平。

5. TPM 设备零故障的 4 个层面

针对潜在缺陷，企业已经进行了针对性对策的制定，但这些工作需要开展较长的时间才能取得效果，短期内难以奏效。所以，企业要将其分成 4 个层面（阶段），顺次地按计划实施，这样将较为有效。

（1）4 个层面的内容。

① 减少故障间隔的变异。

② 延长固有使用寿命。

③ 定期复原劣化。

④ 预知使用寿命。

（2）4 个层面的概括。

① 减少故障间隔的变异。

复原搁置的劣化。

处理显在缺陷。

强制劣化的排除。

完备基本条件。

使用条件的明确及遵守。

② 延长固有使用寿命。

设计上的弱点改善。

强度、精度的弱点改善。

选定条件适当的配件。

超负荷的弱点改善。

突发故障的排除。

提高运转、保养的技能。

制定操作失误的对策。

制定修理失误的对策。

外观劣化的复原。

③ 定期复原劣化。

定期劣化的复原。

使用寿命的推定。

制定定期点检及检查基准。

定期更改基准。

保养性的改善。

对于内部劣化问题，要把握异常征兆并进行有针对性的处理，最终实现发现劣化、复原劣化。

④ 预知使用寿命。

通过设备诊断技术预知使用寿命。

破坏性故障的技术解释。

破断面的解释。

材料疲劳的解释。

齿轮表面的解释等。

使用寿命延长对策。

从使用寿命的推定转向定期的复原。

企业实施 TPM 管理对设备进行维护，能够降低设备的故障率、延长其使用寿命、降低维修费用，从而能节省成本、提高企业的整体经济效益。

还有一点需要注意。再精密的设备也会随着时间的流逝产生消耗，逐渐出现老损，直至被淘汰，这是客观事实。企业想要实现零故障，就必须做好机械设备的更新、报废工作。机械设备的更新、报废工作是机械设备全过程管理的重要组成部分。机械设备在将要达到报废年限时，能耗高、故障率高、维修费用多、停修时间长、影响施工进度和质量、安全性能低，并会对安全生产带来威胁，另外一些运输机械还会产生审验费、养路费、保险费等多种开支，所以对这些机械设备应适时报废、减少开支，淘汰已经无法胜任工作的设备。

2.2 操作员的 TPM 技能要求

TPM 活动是由操作员进行的。操作员必须达到 TPM 活动要求的技能水平，才能开展工作。

2.2.1 操作员 TPM 技能的基本要求

操作员的 TPM 技能要求，主要包括以下几个方面的内容，都是所有操作员必须做到的。

1. 能够发现设备的异常

操作员要能够第一时间发现设备的异常，并及时将问题进行上报。这就要求操作员必须熟悉设备的特点、关注设备的运转状态，尤其对于微缺陷等问题，要每天对设备进行检查。

2. 能够进行处理和恢复

操作员应当进行设备的管理与维护培训，要能够在发现问题后及时进行处理和恢复，尤其对于存在灰尘、缺少机油等微缺陷问题，应当在发现时立刻进行处理，不必进行漫长的上报和等待，避免影响生产的正常进行。而对于电源、电线等问题，应当做到立即切断电源，保持现场现状，采取应急措施，防止损失扩大。

3. 能够决定判断基准

操作员可以决定判断基准，能快速根据基准书对问题进行清晰说明，并写出处理报告。

4. 能够进行设备的维持管理

操作员需具备问题解决后继续对设备进行维持管理的能力，持续关注设备的运转状态，并记录相关信息。

5. 能够查明原因

操作员要能根据设备出现的问题，找到真正的原因是什么，根据 TPM 活动规范写出书面报告，并对类似问题进行排查。

6. 能够精准记录发现的问题

发现设备出现问题后，操作员应当及时进行记录。需要记录的内容包含以下 3 点。

① 记录设备编号、名称、型号、规格及事故概况。

② 记录事故发生的前后经过及责任者。

③ 记录设备损坏情况及发生原因，分析处理结果。重大、特大事故应有现场照片。

2.2.2 操作员应具备的其他素质和技能

操作员在正式走上工作岗位前，应当接受企业开展的专业 TPM 活动培训及考核，考核通过后再上岗。使用设备时，应做到"三好""四会"，即"管好、用好、修好"及"会使用、会维护、会检查、会排除故障"。

每一名操作员都应当建立"设备责任精准到个人"的思维，发现问题应立刻正确地、迅速地进行处理。能够当场解决的，应当场解决，并做好工作记录。编号文件时，必须遵循"三不放过原则"，即"事故原因分析不清不放过、事故责任者不放过、没有防范措施不放过"，按设备分级管理的有关规定进行上报。

如果问题无法当场解决，应进行前期基础处理，并进行书面说明，迅速将相关信息传递至 TPM 小组，保证问题不会滞留和影响生产。

操作员交接班时，应主动向接班者介绍当班设备运行情况及发现的问题。双方应当面进行检查，并进行签字。如果接班者发现异常或情况不明、记录不清时，可拒绝接班。问题必须在工作现场解决，杜绝隐瞒问题，这是操作员应当具备的素质。

根据生产设备的不同，操作员还应建立不同的设备保养、设备检查、设备保全技能。

1. 设备保养的技能

操作员需要对设备进行维护，保持设备清洁、整齐、润滑良好、安全运行。这项工作贯穿于操作员的日常工作之中，包括及时紧固松动的紧固件、调整活动部分的间隙等。实践证明，如果能够做好设备的保养工作，设备的使用寿命会大大延长，出现故障的风险会大幅降低。

设备的保养，按照工作量与难度的大小，分为日常保养、一级保养、二级保养、三级保养。

（1）日常保养。日常保养是例行保养，应在工作中适时进行。日常保养包括进行清洁、润滑、紧固易松动的零件和检查零部件的完整等。日常保养的项目较少，通常集中于设备外部，发现问题应立刻进行解决。

（2）一级保养。一级保养属于常规保养，通常每天进行一次。一级保养的工作内容为清洁、润滑、紧固，还要对局部进行调整。一级保养由普通操作员完成。

（3）二级保养。二级保养的内容包括内部清洁、润滑、局部解体检查和调整，通常由普通操作员完成。

（4）三级保养。三级保养属于定期保养。当设备运转一段时间后，维修员应对设备核心部分进行检查和调整，对主要零部件的磨损情况进行测量、鉴定和记录，如果发现设备磨损达到限度，应进行调整。三级保养工作需要操作员参与，由专职保养维修员完成主要工作。

在这 4 类保养中，日常保养是基础与核心，必须严格贯彻。

2. 设备检查的技能

操作员在日常工作中，需要对设备进行检查，确认设备的运行情况、工作精度、磨损程度和腐蚀程度。相关检查内容应如实记录，并上交上级部门，以消除设备隐患、提高修理质量、缩短修理时间。

设备检查是 TPM 活动的重要组成部分，以此掌握设备运行情况、工作性能和磨损情况，为修理工作做好准备，从而提高修理质量和缩短修理时间。

设备检查分为日常检查与定期检查两种类型。日常检查由设备操作员完成，结合日常保养将明显的问题及时解决。定期检查属于长期检查，需要操作员参与，由专职点检员完成主要工作。通过定期检查，全面、准确地掌握零件磨损的实际情况，以确定是否有必要进行修理。

设备检查的重点是精度与机能的检查。确认设备是否存在漏油、漏水、漏气等问题，防尘密闭性如何、精度是否达到标准，为设备验收、修理和更新提供依据。

3. 设备保全的技能

发现问题并快速、正确地解决问题，是 TPM 精益管理对操作员提出的要求。操作员应通过修理更换磨损、老化、腐蚀的零部件，掌握设备保全的不同技巧，使设备性能得到恢复，保证生产工作的正常开展。

设备维护可根据保全的种类与方法进行分类。

（1）**设备保全的种类**。根据不同设备、不同故障、不同损坏程度、需要修理的范围大小及费用的多少，可以将设备保全分为小修理、中修理和大修理3类。

① 小修理。设备故障极小，只需修复、更换部分磨损较快和使用期限等于或小于修理间隔期的零件，即可让设备重新恢复正常的运转状态，这类维护都属于小修理。小修理具有修理次数多、工作量小、每次修理时间短、修理费用计入生产费用的特点，通常只需操作员在现场快速完成。

② 中修理。需要进行中修理的设备，往往需要进行部分解体、更换部分主要零件与基准件或修理使用期限等于或小于修理间隔期的零件。进行中修理时，操作员需要检查整个机械系统，紧固所有机件，调整过大的间隙，校正设备的基准，以保证机器设备能恢复和达到应有的标准和技术要求。

中修理的工作量不是很大，修理次数较多，但每次修理时间短，修理费用计入生产费用。这类修理通常由多个操作员在现场完成，如果要求过高则需要专业保全员进行，修理后要组织检查验收并办理送修和承修单位的交接手续。

③ 大修理。大修理需要更换设备的主要零部件，这类修理通常次数少，但工作量大、修理时间较长、会产生较高的费用。设备大修理后，质量管理部门和设备管理部门应组织使用单位和承修单位的有关人员共同检查验收，合格后送修单位与承修单位办理交接手续。

对于大修理，操作员通常无法在现场完成，需要专业保全员进行。操作员应如实记录故障现象，按照要求填写表格，尽可能在现场拍照，为后期修理提供现场数据。

（2）**设备保全的方法**。根据方法的不同，可以将设备保全分为3类，操作员需要掌握相应技巧。

① 标准修理。标准修理需要根据设备零件的使用寿命，制定具体的修理计划，明确规定设备的修理日期、类别和内容。标准修理主要通过直接更换进行，对于运转到规定期限的设备，无论是否还能正常使用，都应该立刻进行更换或修理。此方法有利于做好修理前的准备工作，能有效保证设备的正常运转，操作员在现场即可完成。

② 定期修理。定期修理需要确认零部件的使用寿命、生产类型、工件条件和有关定额资料，对设备进行先期检查，然后按照规定的顺序进行修理。定期修理是 TPM 精益管理的重要组成部分，有利于做好修理前的准备工作、使用先进修理技术和减少修理费用。操作员应当定期对设备进行修理，如果自己无法解决应及时汇报情况，由专业保全员进行修理。

③ 检查后修理。指根据设备零部件的磨损资料，事先只规定检查次数和时间，而每次修理的具体期限、类别和内容均由检查后的结果来决定。这种方法简单易行，但修理细化性较差，有可能因为对设备状况的主观判断出现误差而引起零部件的过度磨损或故障，并非在日常工作中修理的主流方法。

2.2.3　判断基准应定量

发现异常的能力，常常取决于个人的经验和眼力，需要操作员进行长时间的训练与经验积累，否则很难在第一时间发现问题。为了帮助操作员快速发现问题，企业应决定一个定量，以判断设备是否正常运行。以温度为例，其定量应确定为"应在 ×× 摄氏度以下"，而不能模糊地描述为"不得有异常的发热"。要强调的是，与其因重视判断基准的正确性而延迟了执行，还不如先定一个临时基准，再多次修正，以定出更为合适的基准，这种方法更具现实意义。

为了让操作员可以快速判断基准应定量，TPM 小组应当制作保全作业基准书，这是开展保全工作的基础。其主要根据设备资料和专业保全员的经验而制作，相关数据应明确、具体，以便为操作员提供直观的参考，并根据实际逐步完善。表 2.2-1 所示为设备维护保养细则，相关数据明确，能给操作员精准的参考，使其能判断出基准应定量。

表 2.2-1　设备维护保养细则

辅助工具：擦布、扳手			
序号	周期	工作内容	责任者
1	每天	检查系统压力是否为 81.2MPa，焊接压力是否为 0.4~0.6MPa	操作员
2	每天	检查进回水压差是否为 0.2~0.4MPa，流量表是否转动	操作员
3	每天	检查水、气管及接头是否密封	操作员
4	每天	检查压力开关的胶皮保护套有无损坏	操作员
5	每天	检查电磁阀及消音器有无损坏	操作员
6	每天	检查急停按钮与指示灯是否正常工作	操作员
7	每天	检查接进点焊机的按钮线根部有无拉拽现象	操作员
8	每周	对滤网进行清洗	操作员
9	每周	检查主水、气管与吊挂有无磨损	操作员
10	每周	检查经常需拉动的悬挂点焊机顶部的气管支架有无损坏	操作员
11	每周	检查悬挂点焊机的焊接规范表有无损坏及丢失	操作员
12	每月	对可控硅及电缆进行放水	操作员
13	半年	每半年紧固母线刀闸箱与松开的一次端螺丝	电工
14	每月	检查悬挂点焊机的保险绳有无损坏，螺丝有无松动	操作员
15	每月	清洁、更换空气过滤器	操作员
16	每月	对焊接参数进行检查	电工

2.2.4　严格遵守标准

　　在发生异常前加以预防，才能实现设备零故障。所以，开展 TPM 活动必须制定既定标准，如清扫、加油标准或自主检查标准等，要求操作员严格执行。同时企业还应考虑为什么有的时候操作员未能遵守标准，并不断地完善设备的检查方法。

　　具体来说，企业应当针对操作员制定规范的标准书，保证操作员有章可循。

· 64 ·

①操作员需先培训后持证上岗，遵守"定人定机，凭证操作"的制度。

②操作员应严格按规定正确使用设备。

③操作员应严格进行点检，并将当班设备运行情况及发现的问题进行详细记录。

④操作员应进行设备的日常维护，日常维护的 4 项要求为"整齐、清洁、润滑、安全"。在开始维护前，操作员要确认工具是否完整。

⑤操作员应在每天工作前进行以下操作。

A.认真查看并处理上一班交班记录中存在的问题。

B.对于重点、关键生产设备，应按规定做好日常点检工作。

C.对设备各部位进行检查并对导轨面、丝、光杆、油杯和油孔加油。

D.检查、清除运转部位的非加工件，防止事故发生。

E.检查加工件、工装器具、刀具是否紧固。

F.检查安全防护装置是否完好可靠。

G.检查各部位操作手柄的位置是否正确。

H.经检查确认一切正常，并低速试运转后方可进行生产。

⑥操作员应认真对设备进行润滑工作，并做好润滑记录。

表 2.2-2 所示是一份完整的清洁工具清单，操作员需要严格遵循规定的标准开展工作。

表 2.2-2 清洁工具清单

清洁工具清单			
序号	清洁工具名称	适合设备/区域	使用方法	注意事项
1	罐体刮水器	调配罐/主剂罐	由上往下	杆易折断，禁止用力过猛
2	玻璃羊毛刷	玻璃	用清洗剂擦洗	杆易折断，禁止用力过猛
3	玻璃刮水器	玻璃	纵向、横向交叉刮水	杆易折断，禁止用力过猛
4	拖把	地面	反复拖地	用后应洗净并悬挂晾干
5	扫把、簸箕	地面	清扫、聚集垃圾	杆易折断，禁止用力过猛

续表

清洁工具清单				
序号	清洁工具名称	适合设备 / 区域	使用方法	注意事项
6	球形刷	罐体内部	顺时针方向刷	杆易折断，禁止用力过猛
7	地面刮水器	地面	手柄与地面呈 45°平行移动	杆易折断，禁止用力过猛
8	地刷	地面 / 罐体表面	反复刷洗	杆易折断，禁止用力过猛
9	手持地刷	地面	反复刷洗	用后应洗净并悬挂晾干
10	手持毛刷（大）	设备缝隙	反复刷洗	用后应洗净并悬挂晾干
11	手持毛刷（小）	设备缝隙	反复刷洗	用后应洗净并悬挂晾干
12	高压泡沫水枪	防水设备表面 / 地面	自上至下、自左至右	禁止水压过大，勿直接将水枪对着人或设备
13	百洁布	不锈钢 / 塑料表面	加水并用清洁剂擦洗	用后应洗净并悬挂晾干
14	擦机布（吸水型）	设备污渍 / 油渍	来回平行移动	用后应统一收集，并放至危废库
15	无纺布	设备污渍 / 油渍	来回平行移动	用后应统一收集，并放至危废库
16	大卷纸	设备污渍 / 油渍	来回平行移动	用后应统一收集，并放至危废库
17	耙子	贴标机底部散落标签	顺向移动	禁止用力过猛损坏设备表面
18	地铲	热熔胶 / 泥浆等污垢	顺着平面铲削	禁止用力过猛损坏设备表面
19	吸尘器	地面	手柄与地面呈 45°平行移动	禁止吸水

此外，还应开展清洁工具的管理工作。

①岗位区域与公共区域的清洁工具须做好标识分类存放。

②清洁工具按岗位清洁工具清单进行存放，若出现丢失、损坏须及时补充。

③洁净区的清洁工具如果出现污渍洗不掉或清洁工具破损则不允许在洁净区使用。

④ 设备清洁工具在清洗时必须单独清洗。

⑤ 不同区域的清洁工具用完后应按各区域清洁工具的清洁要求进行清洗、消毒，并填写《清洁工具清洗、消毒记录表》。

将每一项工作做到精细，并精准记录相关工作内容，这是对操作员的基本要求。

一个优秀的 TPM 操作员，需要经历从点检人员、维护人员到技术人员的层层成长，最终成为该领域的优秀人才。如果没有合格的前辈做引导，甚至需要在设备一线累积 3 ~ 5 年的工作经验。

所以企业在培养 TPM 操作员时，最忌讳一味求快。TPM 操作员不像生产岗位的操作人员一样，可以快速培养。如果没有给员工充分学习与成长的机会，就让他们成为 TPM 活动的领导，很有可能导致从项目建设开始就不能进行规范化的设备管理，也就更谈不上 TPM 设备管理。这样的后果是，项目建设完成后，设备投入运转，但用不了几天就出现各类问题，造成大量的浪费。所以，只有给予员工足够的成长空间，引进优秀的 TPM 培训机构与企业合作，加快员工的成长速度，才能保证企业培养出优秀的 TPM 操作员。

2.3　TPM 岗位任职资格

TPM 活动是企业全员参与的活动，每一个岗位的任职资格都不尽相同。只有让不同能力的人担任具有不同需求的 TPM 岗位，才能保证 TPM 活动的顺利开展。

2.3.1　工段长岗位任职资格

工段长是 TPM 活动的领导与负责人，直接影响着 TPM 活动能否有效开展。工段长的岗位任职资格涉及 TPM 本身与非 TPM 本身两个方面的内容，只有在两个方面都有过硬的技能，才能做好领导工作。

1. TPM 本身的资格要求

对工段长岗位的考核，要从日常工作与评价两个方面入手。

（1）**工段长的日常工作**。表 2.3-1 所示为工段长的日常工作内容，这是工段长必须进行的工作。只有做到每一个环节都能顺利完成，才可以胜任该岗位。

表 2.3-1　工段长的日常工作内容

阶段／业务项目	年度业务	月别业务	周间业务	日工作
1. 活动计划的制定及实施	部门年度计划（含TPM战略）	部门月间计划	部门周间计划	按计划实施
2. 小组活动指导及支援	①部门年度目标制定；②小组活动年度计划协助制定	①小组活动计划指导；②邀请顾问指导计划	①加强部门间的联络；②支援自主制作；③TPM基础知识教育；④其他工程交流学习	①样板打造活动推进；②TPM推进内容指导；③TPM小组支援事项反馈、跟进；④改善事例实施、推广
3. 小组技能教育	①小组成员技能星级目标设定；②小组年度教育计划制定	①小组教育计划制定；②设备／技术讲师邀请计划制定；③协助培训教材制定（技能培训教材、TPM知识、岗位作业指导书等）；④星级评价、技能测试监督实施	①技能教育计划制定；②技能教育监督实施	①岗位技能训练实施现况点检；②OPL（One Point Lesson，单点课程）实施情况确认；③标准作业落实情况确认

续表

阶段 业务项目	年度业务	月别业务	周间业务	日工作
4. 活动过程管理		① 各 TPM 小组活动计划汇总；②TPM 小组评价实施；③ 小组活动报告收集、审核；④ 小组活动成果收集、整理、审核	① 现况板点检、指导；② 组织小组检查评比过程；③ 现场实践活动组织、指导及落实	① 现场活动点检（点检表 / 设备 / 区域）② 不合理之处的发现、协助改善、跟进；③ 改善部位再完善及确认；④ 顾问师指定改善事项跟进落实；⑤ 小组活动过程点检
5. 特别活动推进	制定上半年、下半年计划	特别活动组织实施	主持周间活动会议	小组活动特别指导支援
6.TPM 推进会议		① 每月上旬召开 TPM 研讨会（或顾问指导会）；② 参加顾问指导期间培训、会议	召开实绩检讨会（如：周一 09：00 召开）	特别事项内部通过 E-mail 通报或电话联络
7. 活动实绩报告	① 部门年度 TPM 报告整理；② 优秀小组 / 个人评定、推举	每月召开一次报告会（如：每月 28 日 09：00 召开）	① 周间实绩整理；② 提交周间报告	每日收集整理现场动态
8. 小组诊断	制定 STEP 达成计划	确立小组诊断计划事项	① 自我诊断推进；② 部门长诊断推进；③ 总经理诊断推进	诊断问题点改善跟进

（2）**对工段长的评价**。企业还需要对工段长的工作进行评价，判断其是否能够达到企业的要求。企业每月应对部门工段长进行评价，对优秀的工段长进行表彰奖励，对能力不足的工段长提出工作建议，如果多次不能符合要求可以暂停让其担任工段长的职务。表2.3-2所示为对工段长进行评价的标准，企业应按此对工段长进行打分，实行严格的考核，针对 TPM 每一项活动细节进行打分，找到工段长的不足，并有针对性地改善。

表2.3-2 对工段长进行评价的标准

评价项目	评价内容	评价标准	评价分数
日常工作	计划管理	1. 未根据推进计划制定本部门月度工作计划扣5分； 2. 工作计划编制项目不全面，每漏一项扣3分； 3. 未按规定时间完成计划的每项扣3分； 4. 未对制定的计划进行跟踪指导的每项扣3分； 5. 未按时上交部门月度推进报告扣3分，未上交扣5分； 6. 部门推进报告内容不符合要求的一项扣2分	15
	宣传报道	1. 向推进办提交稿件达成目标，加5分； 2. 稿中少于规定数量的，按2分/篇扣分	5
	会议管理	1. 未请假没有参加会议的扣分：5分/次； 2. 迟到、早退的扣分：2分/次； 3. 没有将会议精神落实下去的扣分：2分/次	10
	表彰奖励	1. 本部门人员荣获提案之星、改善之星：5分/（人·次），获得优秀奖：3分/（人·次）； 2. 部门TPM绩效获得红旗，加10分；获得黄旗，0分	10
	培训管理	1. 未制定部门培训计划扣5分； 2. 对阶段性导入的TPM知识不熟悉，考试不满80分的扣5分； 3. 未按规定对部门、班组进行培训指导的扣分：2分/次； 4. 抽查现场人员，回答不上来的扣分：1分/（人·次）	10
	常规工作	1. 看板管理指标（提案、不合理发现、OPL、疑问点、三现图、两源清单等）完成率在90%以下的，每少一个百分点扣2分； 2. 顾问师指出问题点改善率在90%以下的，每少一个百分点扣2分； 3. 每期作业完成率在90%以下的，每少一个百分点扣2分； 4. 每周必须针对指导小组详细列出10项以上问题点整改计划，低于10项的，按2分/项扣分	40
部门满意度	部门经理满意度	每年下发一次部门经理满意度调查问卷，根据调查结果打分	10
合计			100
加分项	问题反馈	在制度的编制和执行过程中发现问题并进行反馈的加2分/项，重大的问题反馈加5分/项	5
	管理建议	能提出有效的管理建议加2分/项，被采纳的加5分/项	5
	阶段性评比	各项阶段性评比活动中（包括1阶段通过、6S评比、亮点评比，以及各种竞赛、提案、主题活动等）被企业表彰的加10分	10

2. 非 TPM 本身的资格要求

工段长处于 TPM 活动的高位，除了应具备专业的基础知识，更重要的是具备非技术性以外的能力。只有具备以下这些能力，才能担任工段长的职务。

（1）**组织能力**。工段长通常需要跨部门对项目进行协调，需要具备极高的组织能力，对每个项目的各个方面进行细致的跟踪。

（2）**领导能力**。每一次 TPM 活动的开展，都是一次小型的企业军事运动，没有领导者，整个工作会陷入混乱。工段长必须具备相应的领导能力，通过表达清晰的愿景来激发团队的积极性，确保团队成员拥有所需的资源从而保持士气；同时要协调内部冲突，保证小组操作员的工作有序开展，有能力解决人与人之间的问题。

（3）**沟通能力**。TPM 活动由人执行，操作员会因为情绪而对工作产生不同的态度。工段长应具备沟通能力，定期与操作员进行有效沟通，解答操作员的疑惑。

（4）**谈判能力**。作为必须将战略眼光与可交付成果相结合的领导者，工段长应当具备谈判的能力，从预算到时间表，再到资源分配，都要进行合理分配，要让所有人感到公平。成功的工段长是"双赢谈判"的实践者。

（5）**计划能力**。工段长需要具备完善的计划能力，能够对 TPM 活动进行合理规划，做到"正确的计划始于组织工作，按正确的顺序协调项目任务"，不断根据项目的推进情况进行合理调整与分配，确保工作按时完成。

对于工段长来说，扎实的基础知识与非技术领域的平衡，是做好工作的关键。工段长多数是从一线操作员晋升而来，在技术方面已经具备丰富的经验，可以胜任各个环节的工作，这是所有工段长都必须具备的技能。所以，成为工段长的前提是具备完善的技术专业知识。

工段长处于领导工作岗位，除了专业知识，还需要具备敏锐的洞察力和有纪律性，还要经常与非技术部门携手工作，所以个人综合能力要非常强，这可能是最难掌握的工段长技能。只有达到多位一体，才能胜任这一岗位。

2.3.2　高级操作工岗位任职资格

高级操作工具有丰富的工作经验，多数会兼任一定的领导组织工作，所以对于高级操作工的任职要求，不仅能够完成小组安排的工作，还要有能力完成"传帮带"，引导新人进步。以下6项能力是高级操作工岗位的任职资格。

① 能够担任"TPM知识及其工具应用"讲师。

② 熟悉设备的结构/功能，能够讲课。

③ 能够分析故障原因。

④ 能够处理自己发现的不合理处或简单问题，进行简单的设备维修。

⑤ 能够构建TPM小组，并组织小组开展TPM活动。

⑥ 掌握设备评价指标的计算方法，提高设备综合效率，降低故障率。

2.3.3　有经验工人岗位任职资格

有经验的操作工经历过多次TPM活动，能够快速投入工作，并能承担较为重要的工作职责，对基准书的修订、设备不合理之处的处理有一定经验。这类操作工需要达到以下5点任职资格。

① 掌握TPM知识及其工具应用方法。

② 熟悉设备的结构/功能。

③ 能够进行基准书修订。

④ 能够发现设备的不合理之处并提出改善对策。

⑤ 能够进行OPL（单点教育）培训，对他人进行培训。

2.3.4　初级新工人岗位任职资格

初级新工人并没有经历过TPM小组活动，对很多内容存在认知空白，不能独立胜任较为复杂的工作，他们的任职资格主要有以下几点。

① 凭操作证使用设备，遵守安全操作规程。

② 了解TPM知识，主动参与企业开展的TPM课程培训，并向其他同事积极求教。

③ 了解设备的基本原理、结构／功能。

④ 经常保持设备清洁，按规定加油。

⑤ 能按照规定的标准对设备进行正确操作和点检清扫，维持设备的清洁、润滑和紧固。

⑥ 能判断设备的正常与异常，并做好异常处理的早期联络。

⑦ 遵守设备交接班制度。

⑧ 管理好工具、附件，不遗失。

⑨ 发现异常立即停机，自己不能处理的问题及时报告相关人员检查处理。

⑩ 提出单点教育建议。

第 3 章
KTPM 设备自主保全与 TPM 行动策略

KTPM 设备自主保全是精益管理的核心内容，它需要开展丰富的小组活动，同时借助"七步走"的战略，让设备自主保全工作真正落地。做好设备自主保全工作，设备零故障、目视化管理都将一一实现！

3.1　什么是 TPM 设备自主保全

设备自主保全是 TPM 活动的重中之重，只有了解其定义、掌握其精髓，才能做好这一工作。

3.1.1　什么是 TPM 设备自主保全活动

TPM 设备自主保全是指每个操作员以"自己的设备自己维护"为设备保全理念，对自己的设备进行日常点检、加油、更换零部件、修理、早期发现异常和精度检查等工作。

其中，自主是指员工对自己的设备和现场，自己进行维护和改善，从而实现并维持设备和现场的最佳状态。保全是指对系统、器械、部品等保持可使用或可运用状况，或者为了修理故障、缺陷等进行的所有处理活动。

自主保全是为了保障设备的健康运行，只有将清扫、保养、维护相结合才能保障设备长期处于可使用的状态。

自主保全的核心在于设备操作员的维护。维护是以设备的操作员为主，企业在对其进行保全技术的教育培训后，通过定人、定点、定量、定周期、定标准、定项、定法、定点检计划表、定记录格式、定检修业务流程，以个人的五感（看、触、听、嗅、味）按照事先规定的设备特性值标准、点检标准、润滑标准、保全作业标准等管理标准，来对设备进行日常维护和对常见故障做简单、快速的修复工作。

TPM 设备自主保全活动的重要目标是培养熟悉设备的工程师，让操作员通过维持设备的基本条件（清扫、注油、紧固）和使用条件，根据总点检来进行劣化的复原，并通过 7 阶段程序展开教育、训练和实践的 PDCA 循环来实现。操作员按照自己制定的基准来维持管理设备和现场的活动叫作自主维护。图 3.1-1 所示为保全工作关系，操作员应按此展开保全工作。

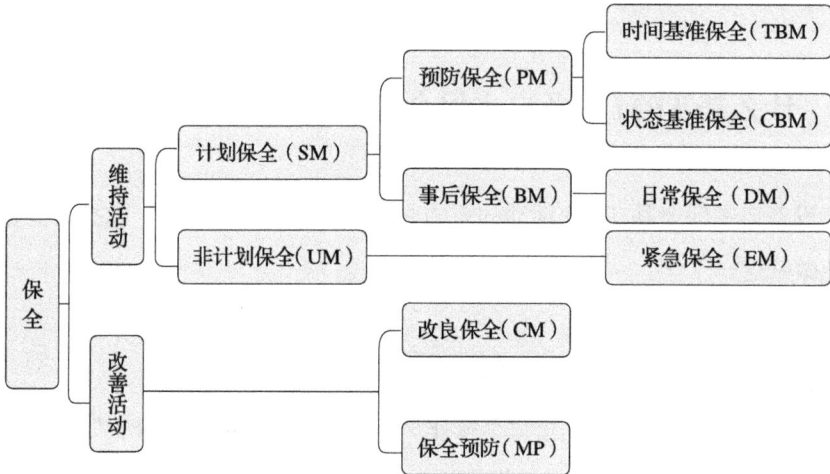

图 3.1-1　保全工作关系

1. 为什么要推行设备自主保全

为什么企业要推行 TPM 设备自主保全活动？这是因为制造业设备问题频发。一项量化分析显示：在设备出现故障的原因中，清扫、紧固工作不到位占 40%～50%，润滑不良占 13%～20%，磨损老化占 10%，精度劣化占 10%，设计缺陷占 8%，操作不当占 5%，损坏维修占 3%，其他原因占 5%。图 3.1-2 所示为企业设备故障原因分析，导致设备故障的原因主要有这几类。

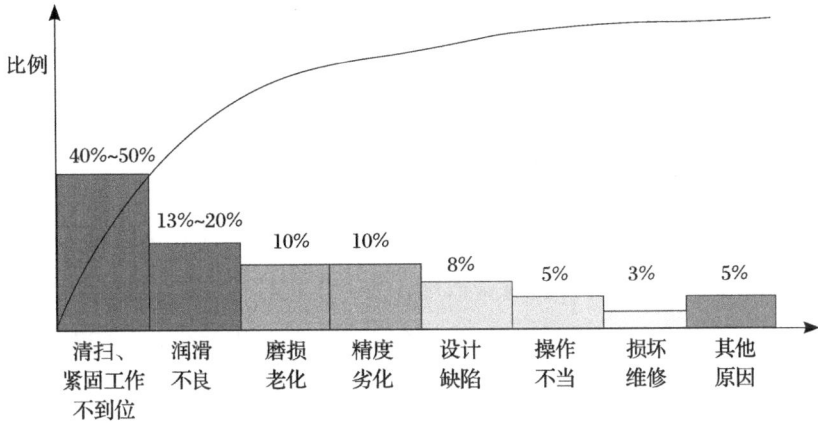

图 3.1-2　企业设备故障原因分析

这家企业的统计结果很具有代表性。从上述原因中可以看出，设备进入正常运行阶段时，对设备进行日常保养十分重要。因此，管理者要领导员工加强对设备的自主保全管理。不同的企业会因为实际情况不同而有所差异，但都存在类似的情况。

从该企业的设备故障原因可以看出，清扫、紧固工作不到位，润滑不良，磨损老化等都属于微缺陷问题，却成为设备问题频发的重头。这些问题往往可以快速解决，不需要过于复杂的程序报备与设备停机，操作员只要在日常工作中做好维护，就可以避免问题的发生。TPM 设备自主保全活动将工作放在生产一线，快速发现、快速解决，多数问题都能够得到有效解决，从而保障生产工作的正常进行。

2. 设备自主保全给企业带来的变化

除了直接提升设备运转的稳定性、生产品质的良品率，企业开展 TPM 设备自主保全活动，还会对企业的管理模式、管理架构与员工的心理状态产生明显影响。

（1）加深员工对于微缺陷的认识。设备的故障、生产事故的发生，看上去只是一次偶然事件，但事实上却是由微缺陷引发的，是小缺陷（小问题）累积的结果。从管理的角度来看，企业要力图通过消除微缺陷来达到防患于未然的目的。推行设备自主保全工作，要让员工真正重视微缺陷，自己动手及时解决问题，把问题消灭在萌芽状态。当这种工作模式成为习惯，就会大大提升员工的自主管理和危机管理意识，从而提升员工的风险预知和防范能力。

（2）**打破传统分工的局限**。在传统生产企业中，生产部门与保全部门是两个独立的部门，一旦出现设备故障，生产部门往往会指责保全部门对设备的维护不及时，而保全部门则认为设备出现故障是因为生产部门对设备的使用不当。结果导致企业效率低下，没有人愿意主动解决问题。

通过引入 TPM 设备自主保全活动，传统的分工界限被打破，每一个设备操作员也是保全人员。随着设备自主保全活动的推行，从前那种互相埋怨的现象消失了，部门间的关系也得到了相应的改善。

（3）**满足员工二次谋职的需要**。新时期的员工有更高的追求与梦想，不再依靠单一技能工作，否则就会产生强烈的危机感。开展 TPM 设备自主保全活动，可以使员工培养良好的工作意识，主动学习全方位的技能，掌握更多技巧，以此满足其二次谋职的需要。这种需要不但对提高企业的管理水平有帮助，还有利于员工的个人发展。

与过去的企业员工相比，现在的员工更加活跃，追求更为丰富，不再只将自己局限为一名简单的劳务工，而这是很多企业管理者所忽视的。其实他们是工作的创造者，只要给他们机会，他们的潜能会令人惊讶。开展 TPM 设备自主保全活动，也是给员工创造必要的机会，让员工在工作过程中得到全面提升，塑造更优秀的自己。

3.1.2　自主保全的范围

自主保全主要是围绕现场设备进行保养，包括清洁、整顿、维修等基础工作。

自主保全的点检包括 3 个方面：作业前点检、作业中点检和作业后点检。作业前点检是在每次启动设备之前，确认此设备是否具备开机条件，并将所有的关键部位检查一遍。养成这个习惯后，就可以降低故障发生的频率。

作业中点检是在机器运行的过程中，确认机器的运行状态、参数是否正常，如果出现异常应该立即排除故障或者停机检修。如果对小问题不重视，这些小问题往往会变成大问题，进而造成事故。

作业后点检是在一个生产周期结束后进行停机，然后定期对设备进行检查和维护，为下一次开机做好准备。保养得好的机器，使用寿命往往可以延长几倍。

表 3.1-1 所示为自主保全的详细范围，详细说明了自主保全工作的范围与主要活动。

表 3.1-1　自主保全的详细范围

步骤	活动项目	主要活动
第 1 步	自主保全支援基本构筑	5S 活动； 不合理之处的复原及改善； 运行员技能教育的支援
	设备评价和现状调查	制作（或整备）设备台账； 实施设备评价，制作评价基准 / 划分等级； 定义故障等级，大故障、中故障、小故障； 现状调查，包括故障件数、瞬间停止状况、修理时间、度数率、强度率、保全费、事后保全率等； 设定保全目标（指标、效果测量法）
第 2 步	劣化复原和弱点改善	劣化复原，基本条件整备，强制劣化排除； 弱点改善，使用寿命延长，个别问题改善； 制定重故障再发、类似故障防止对策； 制定减少工艺故障的对策
第 3 步	情报管理体制的构筑	建立故障数据管理体制； 建立设备保全管理系统（履历管理 / 整备计划 / 检查计划等）； 建立设备预算管理系统； 预备品、图面、资料管理
第 4 步	定期保全体制的构筑	定期开展保全准备活动（预备品、测量仪器、图纸、技术资料管理等）； 制作定期保全业务体系流程； 选定对象设备、部位，确定保全计划； 基准类的整备（材料基准、施工基准、检查基准、验收基准）； 定期进行保全的效率化和外注管理的强化； 保全标准化及保全计划的制定

续表

步骤	活动项目	主要活动
第5步	预知保全体制的构筑	导入设备诊断技术（培养技术人员）； 制作预知保全业务体系流程； 预知保全对象设备的选定； 诊断技术、诊断仪器的开发
第6步	计划保全的评价	计划保全体制的评价； 可靠性向上的评价，包括故障件数、修理时间、度数率、强度率、保全费、事后保全率； 保全性向上的评价，包括定期保全率、预知保全率、平均修复时间； 费用节减的评价，包括保全费节减、保全费使用区分改善

自主保全的工作将会围绕表3.1-1所示的内容详细开展。

3.1.3　自主保全的目的

自主保全的目的是设备使用部门在设备管理部门的指导下，每一名员工对设备进行日常管理与维护，保障设备正常运转。图3.1-3所示为自主保全的目的，主要从3个角度入手。

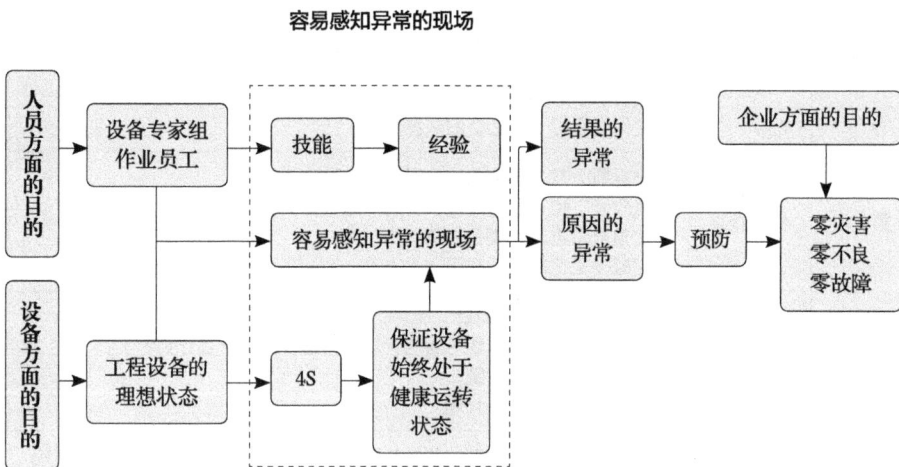

图3.1-3　自主保全的目的

1. 人员方面的目的

① 自己的设备自己维护，让员工建立主人翁意识，主动对设备进行维护

与保养。

②追求设备的最佳状态，主动观察设备的运转状态，并进行设备维护。

③成为熟练的设备运转人员，全面了解设备操作技巧，快速从初级员工晋升为高级员工。

④能够发现异常的现场，对自己使用的设备负责，发现问题及时处理，不留给其他员工。

2. 设备方面的目的

①保证设备始终处于健康运转状态，并保证生产工作的有效进行。

②及时对设备进行维护，避免设备出现故障。

3. 企业方面的目的

①实现设备零故障的追求，提高企业生产效率。

②提高员工的工作积极性，打造高效工作团队。

③降低设备故障频次，从而降低企业运营成本。

3.1.4 自主保全的要求与 6 个要点

自主保全工作对个体员工提出了明确的工作安排，所以它也有完善、明确的工作要求，每一名员工都必须严格遵守。

1. 自主保全的要求

自主保全的首要要求，就是彻底贯彻"三者三现主义"。所谓三者，是指领导者、推进者、现场保全者；三现是指现场、现物、现象。三者三现主义，是领导者、推进者、现场保全者通过现场的现物明确现象，相互间共享必要的信息，从而加快现场革新活动的推进。三者三现主义能保证全员参与到 TPM 活动之中，从而创造良好的成果。

在 TPM 体系中，每一个人都是自主保全的组成部分。自主保全最基础、最核心的要求是全员参与，每个人都应按照计划完成自身的工作，并将相关信息及时记录、汇总。

2. 自主保全的 6 个要点

要想做好自主保全工作，以下 6 个要点是每一名员工必须注意的。

（1）**对设备进行初期清扫**。例如机腔的清扫、冷却及过滤系统的油泥清除。

（2）**污染源及清扫困难点的处理对策**。有了对策可以保证清扫的效果，降低员工清扫的难度，同时也能缩短清扫时间。例如，观察刀具加工过程中铁屑飞溅的方向而把吸尘器口正确对准位置；观察切削液滴漏的位置（这个位置也许员工不易清扫到，这就要求管理人员想办法进行改善，让清扫变得容易）。

（3）**操作员和管理人员都要掌握与设备有关的基础知识**。包括设备的压力、驱动、润滑、电器等几大系统的基本原理。只有掌握这些知识并熟练、灵活地运用，才能提高自检能力。

（4）**目视化管理标识**。将设备的正常与异常状态用目视化管理的方法标识出来，让任何一个不熟悉该设备的人都能马上判断设备是否处于正常状态。

（5）**标识齐全**。设备上的各种标识要齐全，便于员工操作。例如加油点、油种、添加量、添加周期；各种仪表的指针是否处于正常范围；油路是否畅通等。

（6）**检查**。检查各种安全防护装置是否具备安全防护作用，各种启动护罩的双联开关是否失灵以及开关是否完好、方向性是否明确。

3.1.5 自主保全推进的主要内容

在进行自主保全推进时，有一些重点内容需要 TPM 小组与成员特别注意。

1. 认识并调整机械浪费

设备在运行过程中会产生各种浪费，操作员应当正确认识机械浪费情况，并进行有针对性的调整。

（1）**故障浪费**。即设备因功能或性能的降低或丧失，生产效率降低，从而产生浪费。

（2）**准备调整浪费**。即在从生产 A 产品调整到生产 B 产品的准备时间中产生的浪费。

（3）**空转暂停浪费**。即为了检查、调整设备的某个部位，需要空转设备而不生产产品所产生的浪费。

（4）**速度浪费**。即由于设备的运转速度降低而造成的浪费。

（5）**工程不良浪费**。即由于工程存在的缺陷而造成的浪费。

（6）**初期效率浪费**。即在设备的使用初期，由于设备的设计不良或操作员操作不当而产生的初期磨损等浪费。

除了要关注设备浪费的情况，保全人员还应进行设备功能性的点检，操作员负责设备正常操作的机能性点检。进行点检时，要遵循检制的四大标准：特性值标准、点检标准、保养标准和保全作业标准。以安全第一、多技能操作为前提，编制自主保全管理体系的管理文件。这些文件包括《点检标准》《保养工艺卡》《保养操作标准》《他机点检》《部品展开》《故障模式分析》《计划保全》《问题管理》《预防保全》等。

2. 用"六定"法进行点检保全

进行自主保全，可以通过"六定"法开展工作。"六定"确定了自主保全推进的重点内容，包括点检部位、技术标准、点检方法、时间标准、人员、操作标准。表 3.1-2 所示为"六定"法的项目内容，据此能达到目的精准、项目精准的要求。

表 3.1-2　"六定"法的项目内容

序号	项目	内容
1	点检部位	确定哪些部位能由操作员进行点检：滑动部位、回转部位、传动部位、与原材料接触部位、荷重支撑部位、受介质腐蚀部位
2	技术标准	正常 / 不正常：间隙、温度、湿度、压力、流量、电压、电流、声音、振动、润滑、龟裂、磨损、松弛等

续表

序号	项目	内容
3	点检方法	目视、手摸、听、嗅
4	时间标准	循环时间点：在运行中检查还是在停机时检查，是否需要拆卸
5	人员	操作员、班长、专业保全人员、生产厂家
6	操作标准	按规定的点检／检修的标准作业程序进行操作：能处理和调整的要及时进行处理和调整，并且把处理结果记入处理记录；没有能力和条件的要及时报告相关人员安排处理

3. 自主保全工作流程

自主保全工作应按照规范的流程进行，做到每一个环节精准到人，避免混乱的工作流程影响自主保全工作的进度。图3.1-4所示为自主保全工作流程，在开展工作时应严格遵守。

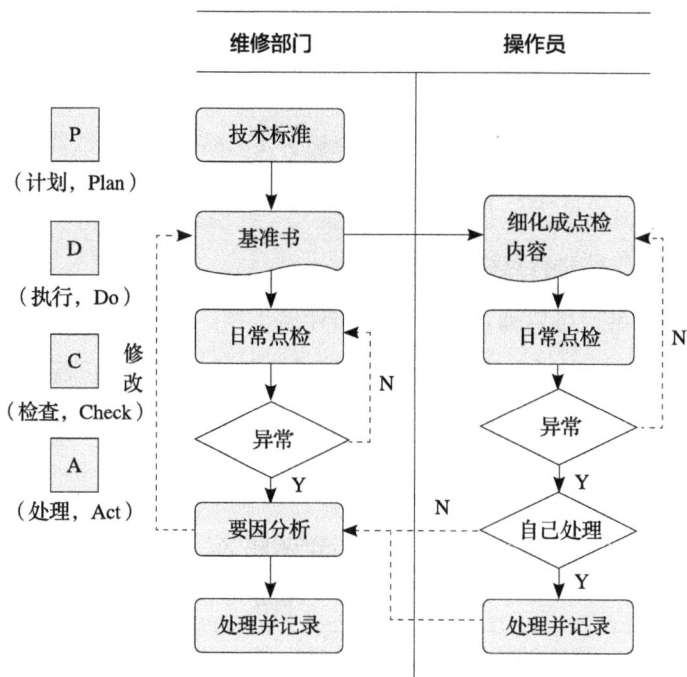

图3.1-4 自主保全工作流程

注：图3.1-4中，Y与N分别代表"是"和"否"，根据实际情况，推进保全工作流程。

4. 设备的三级保全要点

设备自主保全应遵循三级保全的原则。每一个级别有不同的责任人与目标要点，以确保保全活动的推进。

（1）日常保全。

责任人：操作员。

要点：班前检查、加油润滑、随时清洁、处理异常、班后维护、真实记录、周末养护。

（2）一级保全。

责任人：操作员（养）+保全人员（护）。

要点：定期计划、重点拆解、清洗检查、擦拭润滑、间隙调整、紧固复位、行为规范、记录检查结果。

（3）二级保全。

责任人：保全人员（主）+操作员（辅）。

要点：定期计划、系统检查、校验仪表、全部润滑、修复缺陷、调整精度、操作更换、恢复公差、消除泄漏、设计记录、制定对策。

通过层级不同的三级保全，进行清扫点检和润滑加油等活动，确保设备处于稳定状态。由于操作员的主要任务是使用设备进行生产，因此设备自主点检制度不宜过于烦琐，技术含量不宜过高，应从设备清洁、加油润滑、紧固复位、安全检视、周围环境、操作准备等方面进行点检。

如果操作员顺利开展了清扫点检、飞散防止和润滑加油等前期工作，接下来的日常点检将是一项轻松而切合实际的工作；如果前 3 项工作未做好，自主点检会成为一项填表游戏。为了促进自主点检的有效实施，企业应实行定期检查监督，同时将设备运行指标与操作员的工资、绩效适当挂钩。表 3.1-3 所示为工位设备点检卡，企业应要求操作员如实填写。

表 3.1-3　工位设备点检卡

XX工位设备点检卡						
点检项目位置图			项目类别		负责	XXX
			润滑液气		班长	XXX
			机械			
			电气			
			工具/其他			
顺序	点检项目	点检方法	周期	异常发现填写项 （正常：√。异常：X。已修复：O）		
1	操作盘对准标志	是否对齐	每日			
2	工具的摆放	整理整顿	每日			
3	主轴声音	有无杂音	每周			
4	地脚螺栓	是否松动	每周			
5	控制箱接线	是否牢固	1个月			
6	空气压力	指针确认	2个月			
7	变流计量器	指针确认	3个月			
8	电池组	电量是否充足	半年			
9	风扇	是否需要更换	一年			
制作部门：			制作时间：	使用部门：	使用工位：	

3.2　TPM 行动计划制定

企业开展 TPM 活动前，要制定完善的计划，做好职责分工、基础培训等工作，确保相关人员掌握相应的技术。

3.2.1　职责分工

企业制定 TPM 计划时，应将计划层层分解，将责任落实到每一个人。计划包括名称、项目内容、目的、目标、立项时间、计划完成时间、相关责任人等，尤其要对设备操作员与保全人员提出明确要求。

1. 设备操作员的职责

设备操作员生产工作职责：设备操作、手工作业。

设备操作员维护工作职责：设备清洁、设备检查、设备润滑、小型故障排除、薄弱环节分析。

设备操作员要完成自身职责，必须具备以下能力。

（1）**能发现设备的异常状况**。并非有了故障再去发现，而是在故障即将发生前发现异常状况。

（2）**要有独立解决和共同解决问题的办法**。当设备出现问题时，要考虑是否能独立解决，不能独立解决的要试着和同事交流，在寻求解决方法时要能独立判断方法的正确与否。

（3）**能正确、迅速地处理设备异常**。除了自己处理外，还要根据异常程度报告给维修人员。

（4）**能定量地判断基准**。判断设备是否正常应了解并掌握一个量，或根据多次维护得出的经验定出一个量，即基准。

（5）**具备高度的责任感**。对设备问题要做到求根溯源，找出问题的关键所在，不能马虎。不仅仅是只发现设备故障的表面现象，还要找出设备故障的原因和根源，并及时提出消除设备故障的方法。对布置实施的工作，要及时跟进和汇报。

（6）**能严格遵守既定标准**。只有在设备发生异常前加入预防，一丝不苟地遵守标准，如清洁、润滑标准和自主检查标准等，才能放心使用设备。

2. 保全人员的职责

保全人员的标准任务是进行设备维护、预防性维修、故障维修、备件修复。

保全人员进阶的技术任务为预测性维修、改善性维修、掌握现代的分析方法、新设备的选型、对操作员进行培训。

保全人员要完成自身职责，必须具备以下能力。

（1）**能解决或改善发现的问题**。发现问题，不断改善，使检查更为容易。

（2）**熟悉设备的功能、结构**。通过检查熟悉设备的关键部件，通过维护与检查以保持其功能正常，以便了解何谓正常、何谓异常。

（3）**理解设备与质量的关系**。预知产品的质量异常，发现设备问题的根源，通过检查分析了解设备部件异常到什么程度就会影响产品质量，对异常多问"为什么"。

（4）**能修理设备**。发现了设备异常就要使其恢复原状，如漏油了要换油管等。

（5）**对设备的正常、安全使用负有督导责任**。要勤查勤看设备现场，对设备班组的现场工作进行检查和指导，发现设备的不安全因素和隐患应及时提出整改意见。

3.2.2 SMART 原则

SMART 原则是目标管理的重要方法，与传统管理方法相比，SMART 原则具有鲜明、明确的特点。在开展 TPM 活动时，企业需要遵循 SMART 原则制定计划。表 3.2-1 所示为 SMART 原则的内涵，企业应按照相应需求找出对应内容。

表 3.2-1　SMART 原则的内涵

内容	英文	对应的需求
具体的	Specific	明确
可测量的	Measurable	可衡量
可行的	Attainable	可达成 / 取得共识
有相关性的	Relevant	关联
有时限的	Time-bound	有时间性

企业根据 SMART 原则制定 TPM 计划，需要做好以下几方面的规划。

1. 重视人的因素

目标管理的目标是"人"，需要将个人与组织的目标相结合。在这一制度下，上级与下级的关系是平等、尊重、依赖、支持的，下级在承诺目标和被授权之后是自觉、自主和自治的。

2. 建立目标锁链与目标体系

进行目标管理时，需要将整体目标不断分解，转换为每一名员工、每一个小组、每一个部门的目标，从上至下形成精准到人、到部门的量化。在目标分解过程中，权、责、利三者已经明确，而且相互对应。这些目标的方向一致，环环相扣，相互配合，形成协调统一的目标体系。只有每个员工完成了自己的分目标，整个企业的总目标才有希望完成。

3. 重视成果

目标管理以制定目标为起点，以目标完成情况的考核为终点，工作成果是进行评定的第一标准，也是对个人和部门进行奖惩的依据。在目标管理制度下，很少进行监督，但实现目标的能力却很强。

4. 目标明确

企业要明确 TPM 活动的最终目标是什么，且必须做到目标可量化，让团队成员明白自己的"终点"在哪里。很多企业不成功的重要原因之一就是目标定得模棱两可，或没有将目标有效地传达给相关成员。例如，企业需要减少客户投诉，过去客户投诉率是 3%，企业的目标是把它降低到 1.5% 或者 1%。那么企业应提高服务质量，使用规范、礼貌的用语，采用规范的服务流程，将目标进行数字化的设定并建立标准。

TPM 活动的目标设置，要有项目、衡量标准、达成措施、完成期限以及资源要求，并要明确计划应完成到什么程度。

5. 可实现的目标规划

目标规划一定是符合客观要求的，是通过全员努力最终能够实现的。如果仅仅是管理者的一厢情愿，利用权力把自己所制定的目标强加给员工，员工就会产生抵触心理，即便投入工作也不会为了目标而努力，甚至还会向管理者表示：这个目标肯定完成不了，但你坚持要强加给我。

TPM 活动的设定要遵循客观、科学的标准，制定的目标要与员工的知识层次、学历、素质相匹配。目标设置要坚持员工参与、全面沟通的原则，使拟定的工作目标在组织及个人之间达成一致。既要使工作内容饱满，也要使其具有可达成性。

6. 注重对时限的把握

SMART 原则的一个重要原则就是有时限（Time-bound）。例如，TPM 计划在 2019 年 12 月 31 日晚上 8 点前结束，那么 8 点就是一个明确的时间限制，如果出现拖延，企业应对相应当事人进行问责。且目标设置要有时间限制，应根据工作任务的权重、事情的轻重缓急，拟定出完成目标项目的时间要求。管理者应定期检查项目的完成进度，及时掌握项目的进展，以及时对下属进行工作指导，并根据工作计划的异常情况变化及时调整工作计划。

3.2.3　TPM 基础知识培训

TPM 设备自主保全活动具有专业性的特点，所以企业必须对技术人员进行专项基础知识培训。培训的方式以教材开发、小组讨论、故障信息统计为主。其中的重点包括对设备关键点进行单点教育、与专业保全小组进行经验交流、故障分析表的再发防止措施的落实等。

1. TPM 基础培训要求

TPM 设备自主保全的培训是一项长期的工作，要想培养出能驾驭设备的操作员，需要经过长时间的培训。部分企业期望一次培训解决所有问题，这是不现实的想法，而应该让员工通过每一次培训取得相应的进步，待达到一定程度后，再进入下一步，这样才能培养出符合企业要求的操作员。

对于 TPM 培训，国内企业应当学习日韩等国家的完善体系。例如，在日本，不少企业都设有配置良好的培训中心，实施 TPM 的企业不仅应对操作员的维修技能进行培训，还要对他们的操作技能进行培训，从而使其技能更加完善。

TPM 的培训与教育是从基本概念的讲解，到设备维修技术的培训，这种培训与教育是步步深入的，分层次分对象进行。TPM 的培训可以引导员工从不自觉的无能力到不自觉的有能力。图 3.2-1 所示为完善的 TPM 岗位培训体系，企业应针对不同员工开展不同的 TPM 培训，以保证每一名员工最终都能掌握 TPM 的精髓与技巧。

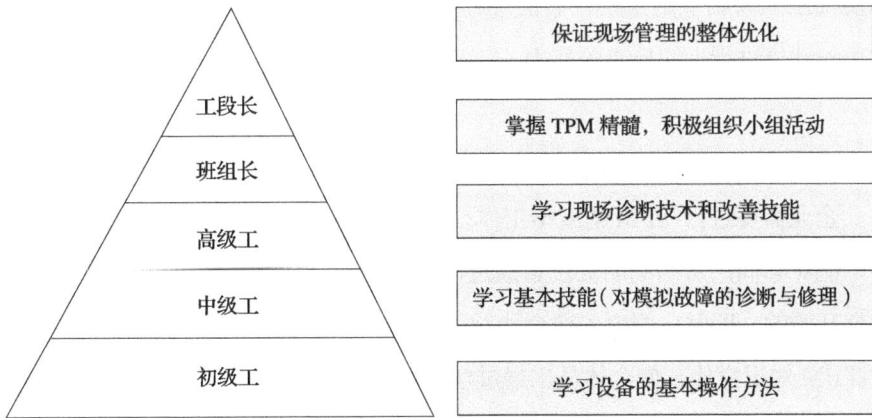

图 3.2-1 完善的 TPM 岗位培训体系

2. TPM 基础培训应达到的目标

进行 TPM 基础培训的最终目标是让员工成为"操作设备的操作者"。以下 4 个阶段的内容是员工必须切实掌握的。

（1）第 1 阶段：能复原或改善自己所发现的问题。

员工可以发现自己所接触的设备存在的问题，对问题详细记录在案，并能将设备恢复至原先的正常状态（复原），保证不再发生相同的问题，并不断完善，使检查更为容易。

（2）第 2 阶段：熟悉设备的功能、结构，发现出现异常的根本原因。

掌握对设备进行检查的技巧，熟悉设备的各个细节，尤其对关键部位应了如指掌，并不断加以清扫、检查以维持其功能。这样，便能理解什么样属于正常，什么样是异常。

（3）第 3 阶段：理解设备和质量的关系，预知质量异常，发现问题的根源。

分析出设备部位老化、劣化的原因，以及会对生产产生的影响。习惯于从理论的角度分析现象，并尝试制定解决问题的方案。

（4）第4阶段：能修理设备。

对设备异常的原因已经了解，可以采用多种方式使其复原，如换管道，调换轴承、联轴节的定心，紧固螺栓等。进一步提升改进作业的技巧，拥有对功能部位进行拆卸检查的能力。

3.2.4　TPM 知识宣传与培训

企业需要进行 TPM 的宣传工作，让全员了解 TPM 的概念、目的与流程，尽可能在车间厂房内的明显位置通过活动板的形式进行传播。TPM 活动是从教育开始的，同时，国内多数企业对于 TPM 的经验匮乏，所以必须开展专业的 TPM 知识宣传，使全体员工通过学习掌握活动所需的知识和技能，以自己的能力来推进 TPM 活动的开展。

企业还应开设更加完善的宣传培训课程，保证 TPM 活动下潜到企业一线。

1. 制定教育方针和重点活动目标

开展教育、培训课程是每一个企业都要进行的。由于 TPM 活动是一项专业度高、内容涉及广泛的学科，所以企业在开展宣传前要避免无体系、无方针、无目标的误区。教育培训首先应该从提高技能和教育培训的角度出发，根据现状明确制定出适合本企业的基本方针和活动目标，并选定教育重点的课题，作为指引今后各阶段活动的纲领。

2. 制定教育训练体系

生产制造行业有别于其他行业，市场竞争激烈，设备已向自动化、省人化、省能源化的方向发展。新兴设备的应用如移载机、机器人等设备取代人工作业而实现无人化已经成为当前的一种趋势，人员的劳动正在从单纯操作向设备的监控、保全工作转移。所以，TPM 活动课程的重点，是培养能操控设备的优秀人才以及能综合维护管理设备的专家，这是企业开展 TPM 活动前应建立的思维。

同时，企业针对部门效率低下的问题，也需要开展 TPM 活动专项课程，帮助员工补充岗位必要的知识和技能，将单一技能变为多技能，减少企业对个人的依赖程度。结合自身特点，企业应设计出完善的教育训练体系，保证培训课程的落地，这能够给员工带来直接的帮助。

3. 教育训练的准备

正式开始课程培训前，企业还应进行训练前的准备。

（1）设置教育课程。企业应分析自身的实际情况，包括厂房情况、设备情况与员工情况，提前分析存在哪些问题，应教授什么内容，教育多长时间等，然后设置必要的教育课程。表 3.2-2 所示为教育训练计划书。每个课程在必要的理论教育后都应进行实习或讨论，直到员工完全理解与掌握，然后再进行下个课程的学习，一般每周进行 1~2 次，每次 2~3 小时。

表 3.2-2　教育训练计划书

教育训练计划		制定	批准
对象	制造现场员工	课程类别	初级
科目	机械要素——螺丝、螺母	课时	3 小时
目的	① 了解螺丝、螺母的作用； ② 掌握连接方法； ③ 掌握异常点检的方法； ④ 螺丝、螺母的防锈方法		
材料	① 螺丝、螺母基础； ② 各种螺丝、螺母实物		
序号	课程大纲	所需课时	形式
1	螺丝、螺母的作用	10 分钟	讲授
2	螺丝、螺母的种类和规格	20 分钟	讲授

续表

教育训练计划		制定	批准
3	螺丝连接要点	30 分钟	实习
4	螺丝、螺母马虎点检的后果	30 分钟	讨论
5	螺丝、螺母的护理	10 分钟	讲授
6	现场设备点检	60 分钟	实习
7	总结	20 分钟	

（2）**准备教材和实物**。为了保证教育培训的效果，保证员工都能掌握正确的操作技巧，并能够不断复习，企业应将理论讲授、讨论互动、实习等形式有机结合起来，一般理论讲授应少于 30%，实习要保证在 50% 以上，讨论和测试为 20%。企业应预先制定科目类别的教育训练计划，并准备好所需的教材与实物，让员工可以真正融入学习的过程，而不是只停留在枯燥的理论教学上。

4. 准备训练场所

TPM 活动的开展，可以在工作现场就地进行教育训练。厂房和办公室比较紧张时，可以选择非固定训练场所，例如在工作场所或休息室进行，也可以利用空闲的会议室。

5. 教育训练的实施

教育训练要根据教育计划有重点地进行。实施时应注意以下事项。

（1）**理论联系实际**。避免单纯的理论课程，应以掌握实际操作即培养动手能力为目标。每一名员工都必须进行实操训练，直接对设备进行维护，将现场实践活动与理论学习紧密结合。

（2）**教育资料标准化**。教育训练可通过 OPL 模式进行，将学习内容整理成教育资料，内容紧扣工作，使其具有极强的实操性。这对员工的水平提高很有帮助，尤其是对实习中发现的问题进行改善的事例制成资料进行教育，可以提高改善问题的效率，起到事半功倍的效果。

6. 建立教育学分制

TPM 的教育培训仅依靠短时间的集训是不现实的，必须分析每一名员工的不同特点，结合现场特点制定必要的措施和制度，进行长期、持续的职业技能和能力培养。企业可以采用学分制的模式，要求每一名员工都能通过考核，掌握企业岗位必要的技能并创建个人职业规划。只有达到学分，才能开展行动。表 3.2-3 所示为 TPM 教育培训学分表，企业应针对员工的学习情况进行学分评价。

表 3.2-3　TPM 教育培训学分表

课程大纲		课程内容	1 级	2 级	3 级	4 级	5 级	6 级
OJT		部门小组自行制定	70	60	50			
Off JT	基本教育	入门教育	4	4	4	4	4	
		QC 基础教育	4	4	4	4	4	
		教育讲座	4	4	4	4	4	
	技能教育	研修预备教育		4	4			
		操作技能教育	4					
		工序深化理解教育	4					
		作业标准深化理解教育	4					
		急救知识教育		4				
		现场理解教育				4		
	管理基础	现场管理者课程（TWI）		4		4		
	管理技巧	沟通技巧教育			4	4		
		服务意识教育			2	4		
		激励技巧教育		4	4			
		业务改善教育				4		
		时间管理教育			4	4		

注：① OJT，即 On the Job Training。OJT 培训指的是在工作现场内，上司和技能娴熟的老员工对普通员工及新员工通过日常工作，对必要的知识、技能、工作方法等进行教育的一种培训方法。

② Off JT，即 Off the Job Training，指脱产培训。

③ QC，即 Quality Control，QC 基础教育指质量控制基础教育。

④ TWI，一般指日本产业训练协会。

同时，学分制度还应当与年终考核、晋升联系起来，以提高员工的素质，以及有计划地定期对各工种、各职能、各阶层或各级别进行能力培养。另外，企业在重视制造现场人员的培训的同时，不能放弃对销售、研发、技术、事务管理部门的人员的重点培训。

7. 完善教育文化

不少企业的管理层都认为生产工作较为忙碌，无法开展培训课程，这是一种错误的认知。无论企业生产工作多忙碌，都应当及时开展 TPM 培训课程，在企业内建立完善的教育文化，鼓励整个企业形成"爱学习"的氛围。例如，三星在推行 TPM 活动时，发起了"每人读 100 本书"的活动，引导员工不断提升自身能力与素质。企业应对各类教育活动设定相应的课题或目标，并与企业的效率或效益结合起来进行推进。

8. 综合评价

对于教育培训的效果，企业应进行综合评价。企业应评价技能水平的提高程度，如教育前后考试成绩提高率、达到技能 4 星水准的人员占全体的比例，以及针对课题的目标达成率和效果等。同时，企业应根据员工的反馈，对课程不断进行优化与调整，针对必要技能、教育体系、教育课程设置等方面进行研究探讨。对于 TPM 教育训练来说，良好的学习环境比开展强制性教育更为重要。

开展全员 TPM 宣传与培训课程，是提升员工技能水平最有效的手段之一。越来越多的研究表明，企业的生存和发展与"人才培养和最大限度发挥人才的潜能"的关系最为密切。通过对 TPM 的学习，企业能够适应经济变化、技术进步、设备机械化、管理不断创新的情况；员工也能够被强化"我的设备我管理"的意识；还能提高维修部门的技术技能水平；而且能提高技术部门的设备设计能力、管理和技术创新能力，从而真正提高企业的竞争力。

3.3 TPM 设备自主保全 7 步走

开展 TPM 设备自主保全工作，需要严格按照活动流程的"7 步走"进行，保证每一个步骤科学合规，相关工作符合要求，这样才能让 TPM 活动落地，并持续在企业中开展。

7 个步骤包括 5S（整理、整顿、清洁、清扫、素养）的所有内容。在每一个阶段，由相关人员对实施情况进行评价，合格后才能进行下一个步骤。

3.3.1 准备：整理、整顿、初期清扫

在 TPM 活动正式开始前，需要进行前期的准备工作，即 0STEP 阶段。这个阶段的工作重点是整理、整顿与初期清扫。初期清扫是指日常的扫地，以及拿着抹布清洁物体表面。

0STEP 准备阶段，需要达到以下目的。

1. 整理

对工作现场进行盘点，制定要与不要的判定标准与必要物品清单，为接下来的工作做好准备。

2. 整顿

对必要物品进行定位、定量、定容、标识，并如实记录。

3. 清扫

制定《初期清扫准备表》，按照准备表的内容，准备相应的清扫工具，并保证安全。

4. 小组会议

开展小组会议活动，对清扫工作进行步骤的制定与总结，开展步骤宣导，准备正式进入 1STEP 阶段。

初期准备中，企业整理、整顿现场及物品，创造出清爽的工作环境和整洁的工作场所，了解安全注意事项和设备的构造、机能，以及必要的清扫技术及自主维护的目的。

部分企业容易忽视准备阶段的内容，认为 1STEP 阶段同样是初期清扫内容，所以并不重视前期准备。虽然 0STEP 与 1STEP 有相似的部分，但二者在本质上依然存在明显的不同，忽视 0STEP 会导致 TPM 活动的环境等没有准备完善的问题，会给接下来的工作带来不必要的麻烦。图 3.3-1 所示为 0STEP 与 1STEP 的区别。

区分	对象	重点	存在的不合理现象	原则
0 STEP	物品	以环境为中心	☉明显的缺陷(大、中缺陷) -用眼睛看得到的大的 明显缺陷 大缺陷 潜在缺陷 中缺陷 微小缺陷	三现主义 -现场 -现物 -现象
1 STEP	设备	以机能为中心	无论怎么去除大缺陷，缺陷还是在扩大。 (微小缺陷→中缺陷→大缺陷) ☉潜在缺陷(微小缺陷)	三现主义 -现场 -现物 -现象

图 3.3-1　0STEP 与 1STEP 的区别

3.3.2 第 1 步：初期清扫

准备工作完成后，TPM 设备自主保全正式进入第 1 步，即初期清扫阶段。

1. 1STEP 初期清扫的目的

1STEP 初期清扫的目的包含以下内容。

① 通过对设备的精密清扫，彻底去除设备的污垢。

② 能够用眼睛发现、判断不合理现象（能够进行检查并判断异常与否），使潜在缺陷显现并将其消除。

③ 彻底去除影响设备或产品机能的一切潜在微缺陷，即微缺陷"零"化。

④ 彻底清扫设备的每一个角落，并考虑怎样才能舒适、方便、快捷地清扫。

⑤ 防止强制劣化。

⑥ 针对设备：去除灰尘、污迹，以使潜在缺陷明显化。对劣化、不合理的进行复原。

⑦ 针对员工：通过做清扫来熟悉小组活动；班长、组长应学习领导艺术；通过观察和接触来提高对设备的好奇心；体会"清扫是检查"。

2. 1STEP 活动流程

开展 1STEP 活动，应严格按照活动流程进行，杜绝活动无序开展，避免给设备自主保全工作带来隐患。1STEP 活动的流程如下。

（1）确定清扫顺序。

① 对设备的特定部位（如最脏的部位）实施重点清扫。

② 按从设备的高处到低处的顺序进行清扫。

③ 按从设备的内部到外部的顺序进行清扫（不能有遗漏的地方）。

④ 逐台按顺序进行清扫。

（2）清扫前的准备（清扫前汇总）。

① 根据当月的活动计划，确认做什么、谁做、怎么做、做到什么程度。

② 决定当日的作业范围和设备，确认怎么做、做到什么程度。

③ 准备工具和材料，实施定点照相（实施前）。

④ 根据用途研究、开发新工具，手工制作工具最有效果。

⑤ 明确当日作业的个人承担部分。

（3）开展安全活动（危险预知训练）。

① 在实施清扫前，组长必须实施危险预知训练。

② 选定清扫中存在危险的项目，做简单的说明。

③ 小组全员互相提醒，实施危险预知训练。

图 3.3-2 所示为 1STEP 的流程，其对如何清扫进行了合理的规划，企业应按照此流程开展工作。

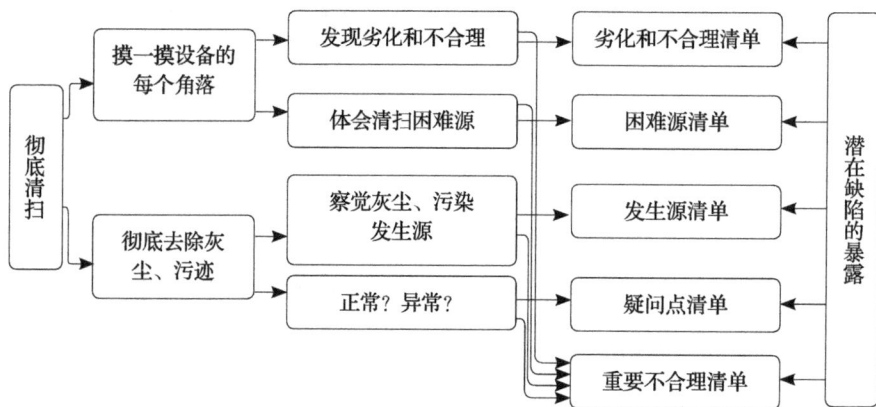

图 3.3-2　1STEP 的流程

3. 1STEP 初期清扫的内容与重点

1STEP 初期清扫的主要内容如图 3.3-3 所示。要对每一项隐患进行记录，并制定相应的解决方案。

```
┌─────────────────────────────────────────────┐
│           原理：清扫就是点检展开图              │
└─────────────────────────────────────────────┘

┌────────┐    ┌──────────────┐    ┌────────────────────┐
│  清扫  │───▶│ 去除污迹、灰尘 │───▶│ 预防故障、不良的发生 │
└────────┘    └──────────────┘    └────────────────────┘
     │
     ▼
┌────────┐
│  实施  │
│  清扫  │
└────────┘
     │
     ▼
┌────────┐    ┌──────────────────────────────────────┐
│ 接触设 │───▶│ 发现各部位的不合理（缺陷、发生源、困难源、│
│ 备的各 │    │ 疑问点）                               │
│  部位  │    └──────────────────────────────────────┘
└────────┘    ┌──────────────────────────────────────┐
        ├────▶│ 在不良、故障发生之前采取措施            │
        │     └──────────────────────────────────────┘
        │     ┌──────────────────────────────────────┐
        └────▶│ 通过"三现"，理解设备、工程的技能和原理   │
              └──────────────────────────────────────┘
```

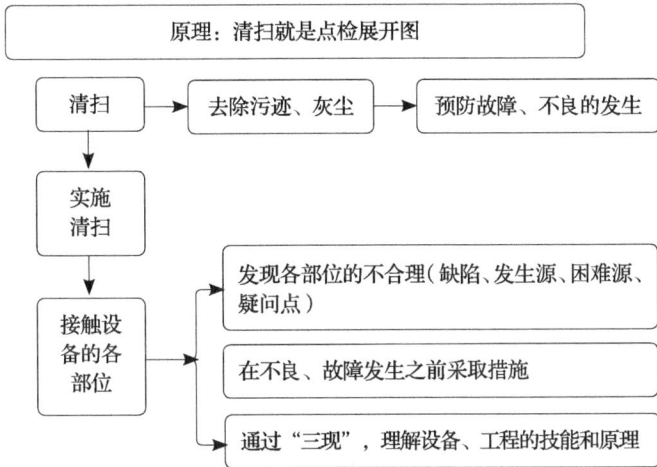

图 3.3-3　初期清扫的主要内容

1STEP 阶段，初期清扫的要点如下。

① 事先确认安全事项。清扫是具体的行动，粗心大意的行动容易导致意外。

② 现场员工要把清扫当成业务工作，亲手进行清扫，如果有"我的工作就是清扫"这样的想法就再好不过了。

③ 要彻底清扫多年来残存的污垢。

④ 打开从来没有被打开过的挡板和盖子，对设备里里外外彻底进行清扫。

⑤ 必要时拆开设备螺丝，进行分解清扫。

⑥ 不仅要对设备主体进行清扫，还要对辅助设备、控制箱等设备进行清扫。

⑦ 要消除"清扫了也会脏""马马虎虎清扫"的思想。

⑧ 清扫是无止境的，除非不良 / 故障 / 事故消失了。

4. 初期清扫的方法

在初期清扫阶段，清扫应按照从上面到下面（如果先从下面清扫会浪费时间）、从里面到外面、从复杂到简单（从复杂的地方开始，再到简单的地方）

的顺序进行。在此基础上，还应掌握以下几种不同的清扫方法。

（1）**去除污迹的清扫**。把设备拆解开，擦拭每个零件；开发清扫工具、改善清扫方法、减少清扫时间；要学习、了解设备的性能、机能，通过清扫发现设备存在的缺陷。

（2）**点检、观察的清扫**。如果通过去除污迹的清扫，在把设备里面的污迹去除后，又发现有新的污迹产生，就要找出这种污迹的"发生源"并解决它；如果发生源一直存在，就会存在重复的清扫。在清扫过程中，检查不到的地方被称为"困难源"。

（3）**改善的清扫**。找出发生源和困难源后，进行改善清扫。

（4）**维持管理的清扫**。形成"我的区域"如何进行清扫的维持清扫基准书。

通过不同方法的使用，初期清扫最终成为"去除污迹的清扫"，能实现无尘、防尘、消尘。无尘是指不发生，清扫过程中没有新灰尘；防尘是指不扩散，清扫过程中防止灰尘扩散；消尘是指灰尘如果存在，一定要彻底去除。

5. 清扫过程中需掌握的技能

员工在进行 1STEP 初期清扫的过程中，不仅要完成既定目标，还要掌握所需的各类技能，加深对 TPM 活动的理解，不断提高相应技能。以下几类技能是员工必须掌握的。

（1）**理解设备的基本结构、原理**。能够掌握设备是如何进行运转的，了解设备的薄弱点。

（2）**确保安全**。清扫过程中避免破坏设备，并掌握安全生产的技巧。

（3）**开发清扫工具**。可以开发相应的清扫工具，提高清扫效率。

（4）**掌握有效率的清扫方法**。按照科学的清扫流程开展工作，掌握高效的清扫方法。

（5）**判断不合理的能力（发现能力）**。能够发现设备的隐患与生产流程中的不合理之处。

（6）**复原、改善不合理的能力**。针对发现的问题，可以提出建设性的意见，从而改善生产流程、提升自身的业务能力。

（7）**掌握特殊区域的清扫技术**。对一些较为特殊、难以清扫的部位总结出一套合理的清扫技术。

6. 清扫时发现不合理的要领

在 1STEP 初期清扫的过程中，员工需要发掘各种不合理的现象，并据此进行设备维护与改善。对于不合理的发现，员工应灵活运用感官，从视、触、听、嗅入手改善问题。

（1）触。

① 摇一摇。

② 敲一敲。

③ 拧一拧。

④ 按一按。

⑤ 刮一刮。

⑥ 紧一紧、松一松。

⑦ 掰一掰。

⑧ 拽一拽。

⑨ 擦一擦。

⑩ 理一理。

（2）视。

① 确认动作。

② 确认是否变动、变更。

③ 确认是否变色。

④ 确认是否正常。

⑤ 确认是否均衡。

⑥ 确认是否有疑点。

（3）听。

① 发现异常声音。

② 发现正常声音。

（4）嗅。

① 发现异味。

② 确认气味是否合理。

7. 八大不合理问题

在 1STEP 初期清扫的过程中，有八大问题需要特别关注，企业应当对其进行分类与查找，表 3.3-1 所示为八大不合理问题的具体内容。

表 3.3-1　八大不合理问题的具体内容

区分	定义	重点内容	不合理详细事项	备注
整理	区分必要品与不必要品，处理不必要品	确定基准物品分类	无法判断物品的种类和数量； 存在过期品、不良品、废品； 存在缩小、剪短等不必要的动作； 存在多余的程序	
整顿	防止必要品过剩或不足，方便存取	定品、定位、定量，实现可视化	没有明确标示品名； 没有明确指定原位置； 没有标示出最大量、最小量、订货点、在库量； 人、机、物状态不能一目了然	
基本条件	清扫、点检（拧紧）、注油、更换等基本事项	清扫、点检、注油、更换	油量不足、油污染、油种不明、油种不适、漏油； 供油嘴污染、油桶污染、油桶破损及变形、保管不良； 污染、破损、泄漏、水平标示不清	
微缺陷	目前影响不大、日后影响会扩大的小缺点	脏污、疵点、振荡、松动、异常、黏着	有残渣、生锈、涂料异常； 破裂、弯曲、变形； 晃动、脱离、倾斜、磨损、腐蚀、BELT、链条异常； 异常音、发热、振动、变色、压力异常、电流异常、味道异常； 堵塞、固化、积累、脱落	

续表

区分	定义	重点内容	不合理详细事项	备注
发生源	故障、不良、灾害、污染发生的部位	产品、原料、油、气体、液体	泄漏、流淌、溢流、飞散； 润滑油、作动油、燃料油的泄漏、流淌、溢流； 空气、蒸汽等泄漏； 温水、半成品、冷却水、废水泄漏； 包装材料异常、存在不良品、切面不均	
困难部位	妨碍人行动的部位	清扫、检查、给油、锁紧、操作调整	机器结构、罩子、配置、空间、槽子、器械位置、方向界限（正常范围）标示位置不合理； 给油孔位置、结构、配置、高度、废油口、空间、规格、机械位置、阀门类、开关、手柄位置不合理； 压力表、温度表、油量表、水分表、真空表等的位置不合理	
不安全部位	对人产生危害或有潜在危害的部位	圆盘、裁断机、照明物、旋转物、起重机、移载机	凹凸不平、损伤、破损、磨损； 急倾斜、扭曲，防滑条脱落、腐蚀； 亮度不够、位置不合理、罩子污染、保护设施等破损； 保护罩脱落、露出，并联安全装置损坏，紧急刹车无法使用； 吊车、起重机类的钢绳、挂钩等； 特殊物品、溶剂、有毒气体、隔热材料、危险标示、保护工具等没有标识或无法使用	
其他			业务复杂、麻烦，程序复杂，客户不满，客户不便	

8. TPM 小组积极性的提升

在 TPM 设备自主保全初期清扫阶段，应提高 TPM 小组的工作积极性。企业可以采用多种方法，激活小组成员的热情，使小组成员投入初期清扫工作。

（1）**张贴小标识**。在设备润滑点等部位张贴小标识，使目视化管理顺利进行。

（2）**标准作业法**。让员工结合自己的工作岗位和设备，编写自己的标准作业法，以推进 TPM 纵深发展。

（3）**小集团改善**。以班组为单位围绕设备缺陷进行攻关方式的改善，采用 QC 记录本记录并发表成果。

（4）**技能培训**。请维修人员对操作员进行有针对性的维修技能培训，采用讲解、示范、模仿循环等方法。

（5）**评选设备卫士活动**。对在 TPM 活动中表现出色的个人授予"设备卫士"称号，并予以奖励。

（6）**红牌作战**。对 TPM 活动中的不和谐现象采用红牌、黄旗进行督促、警告；优异者予以红旗进行激励。

（7）**小标签活动**。在发现的设备隐患、缺陷处粘贴标签，引起员工对其的关注，并组织改善、举一反三。

（8）**编写故障明细**。让员工同维修人员一起查找设备的所有故障，并编制相应的解决措施和预防对策。

9. 初期清扫阶段的注意事项

在 1STEP 初期清扫阶段，需要注意以下事项。

（1）**研究清扫工具**。

① 要去除顽固的油脂，确认使用的工具。

② 清扫时尽量少使用水（冲水），确认使用的工具。

③ 为了去除角落的污染物，需要特别的工具。

④ 为了方便清扫高处，需要特别的工具。

⑤ 各工程要开发适合自身工程特性的工具。

只要员工能够掌握工具的使用技巧，针对问题研究出相应工具，清扫工作就会事半功倍。

（2）**与发生源对策并行作业**。

设备出现问题，一定要找到发生源是什么，找出在哪里泄漏、溢出。进行产生污染物质的"发生源的去除"工作，这是初期清扫的关键。

10. 初期清扫的效果

通过 1STEP 初期清扫，企业应在有形与无形两个方面分别达到应有的效果。有形方面，主要侧重于设备本身；无形方面，主要侧重于员工的意识。

（1）**有形方面的效果。**

有形方面的效果主要针对设备本身，包括品质与设备两个部分。图 3.3-4 所示为有形方面的效果，是经过 ISTEP 初期清扫后必须达到的。

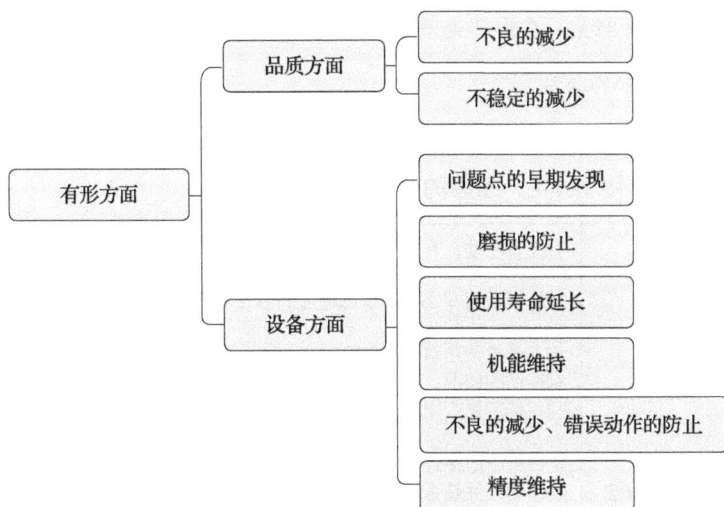

图 3.3-4　有形方面的效果

（2）**无形方面的效果。**

无形方面的效果侧重于员工的精神层面，能让员工意识到 TPM 活动的重要性。以下几方面是经过 ISTEP 初期清扫后应取得的效果。

① 提高发现问题点的能力。可以快速找到问题所在，根据经验在现场解决问题，避免设备进一步损坏。

② 对设备产生爱惜之情。对设备产生爱惜的情感，意识到它是生产活动的关键，做到日常对其进行维护。

③ 遵守规定。严格遵守企业制定的各类规定，尤其是设备操作规定、维护规定，并形成习惯。

④ 增强进取心。对待工作认真、投入，初期清扫时对设备负责。

⑤ 保持明亮、洁净的现场。始终对生产现场进行较好的维护，避免给设备带来不利影响。

⑥提高对外信用度。员工应让企业看到自己的进步，使其对自己产生信任，愿意委托自己对设备进行维护与保养。

11. 常见的初期清扫问题部位与解决方法

进行 1STEP 初期清扫活动，员工需要了解设备的结构与性能，并利用点检方法有效解决问题。了解常见的问题部位与解决方法，可以大大提高初期清扫的效率与优化效果。

（1）螺丝、螺母。

图 3.3-5 所示为螺丝、螺母的分析与处理。

微小缺陷	有没有松动，有没有脱落
螺杆长度	螺杆是否留有 2~3 个螺母程度的余长
KEY	长孔是否使用着活用 KEY； 有振动的情况，是否使用弹簧 KEY； 同一场所是否用了几种 KEY
螺丝、螺母的使用方法	是否从下面穿进螺丝，把螺母放在可看到的地方； 限幅器开关是否用 2 个以上的螺母固定； 双螺母是否使用了内径小、外径大的旋转体，振动体是否使用了垫片

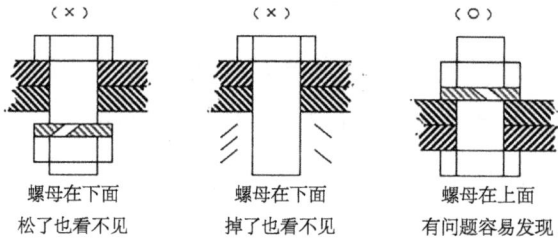

图 3.3-5　螺丝、螺母的分析与处理

（2）注油。

图 3.3-6 所示为注油的分析与处理。

注油口	黄油嘴与减速箱的注油口是否经常保持干净； 注油口是否采用了防尘措施； 给油口上是否标有相应的油种与油量及是否注油

图 3.3-6　注油的分析与处理

油量计	加油表或油量计是否保持清洁，容易确认油量的状态； 是否标示有相应的油面； 漏油或给油管道、孔是否被堵塞
自动给油装置	是否正常运转，给油量是否恰当； 供油管是否有泄漏、压扁、弯曲等
润滑状态	旋转部、传动部链条是否经常保持清洁且有油； 是否因必要的供油而给周边造成污染

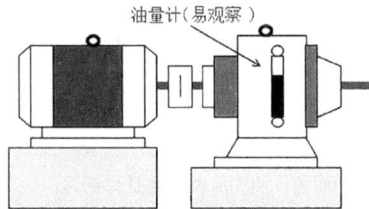

图 3.3-6 注油的分析与处理（续）

（3）驱动。

图 3.3-7 所示为驱动的分析与处理。

皮带与皮带轮	皮带是否爆裂、膨胀、磨损、粘油，皮带是否被拉长及缠绕； 每条皮带的张力是否一致，有没有与其他类型的皮带混用； 皮带轮槽面是否光滑（皮带或皮带轮的磨损）； 皮带与皮带轮的中心是否契合
链条	链条是否被拉长，链轮齿的齿轮有没有磨损、掉落、出现疵点； 链齿与链条间的润滑是否充分，链轮齿的中心是否相称
轴、轴承、联轴器	是否有因松动、缺油而发热、振动等情况； 固定螺丝是否松动、掉落； 联轴器对中是否准确； 联轴器橡胶是否磨损、螺丝是否松动； 联轴器上是否有黄油
齿轮	润滑是否适当，是否因多余的油而产生污染； 齿轮是否有磨损、疵点、残屑等； 齿轮是否有异常声音或振动

图 3.3-7 驱动的分析与处理

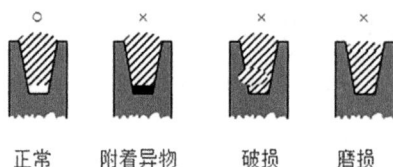

正常　　附着异物　　破损　　磨损

图 3.3-7　驱动的分析与处理（续）

（4）油压类。

图 3.3-8 所示为油压类的分析与处理。

油压单元 （POWERUNIT）	油缸的油量是否恰当，是否有油量标示，油温是否恰当，是否有正常温度的界限标示； 油是否变质（混入空气）； 加油口是否清洁，油的流通通路是否畅通； 油缸的供、排过滤棒是否有堵塞，油泵是否正常，是否有异常声音或振动等
热交换器	油冷或水冷排管是否有泄漏； 油与水的出口、入口的温度差是否恰当（是否有管子的堵塞）
油压机器	油压机器有没有油漏出； 机器的固定是否牢固，机器的运转是否良好，有没有瞬间停止、速度过慢的情况； 油压是否恰当，压力表的运动是否正常（零点、颤动）； 气缸的缓冲是否正常
排管，软管	排管与软管的固定是否牢固； 有没有油泄漏，软管上是否有疵点或磨损； 阀门类有没有异常，是否有开闭标示，有没有不必要的排管、排线及阀门； 软管或铜管是否有缠绕或摩擦

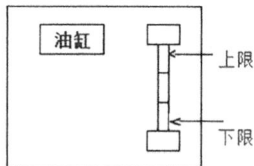

图 3.3-8　油压类的分析与处理

（5）电器类。

图 3.3-9 所示为电器类的分析与处理。

控制面板	配电柜，操作盘，控制面板内部的整理、整顿、清扫是否良好； 是否存放有不必要物品或可燃性物品；面板内部的线是否整顿良好（整齐）； 电流表、电压表是否正常，是否有正常范围标示；仪器或指示灯有无损坏或断线； 开关类有无损坏，动作是否正常；门锁有没有损坏，开闭状态是否良好； 是否有多余的孔，防水、防尘是否良好
电子器械	马达是否有发热现象或异常声音、异味、振动等； 马达盖子与排热扇是否干净； 设置是否正常，固定螺丝状态是否正常
传感器	限制器开关是否干净及牢固；限制器开关内部是否清洁，读取线是否松动； 限制器开关的安装方法是否正确； （传感器）形状是否正常，有没有磨损或变形；光电管开关、相依开关上是否有污染与晃动； 传感器与器械间的位置是否相悖；器械的排线是否因接触读取而使保护套剥离
排管，排线	排管、排线的固定是否牢固； 电线有没有松脱或断开； 排管是否有腐蚀与破损，排线的保护套是否脱落或有疵点； 地面上是否有混乱的排线及从空中垂落下来的排线

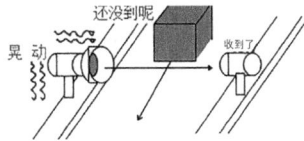

图 3.3-9　电器类的分析与处理

（6）常用机械。

图 3.3-10 所示为常用机械的分析与处理。

泵	泵或支架上是否有异常声音、振动、晃动； 地基螺丝有没有松动、腐蚀或破损； 支架基础有没有腐蚀、开裂或破损等； 外壳是否漏出液体，排管或阀门是否漏液； 排管或阀门是否被堵塞； 压力表、真空表、油量计、温度计是否显示正常并有正常界限标示； 启动电流值、运转电流值是否正常，有没有正常范围标示； 阀门是否正常工作，是否有开闭标示
风扇	风扇与支架是否有异常声音、振动； 地脚螺丝有没有松动、腐蚀、破损； 固定螺丝是否松动、腐蚀或破损； 外壳是否漏气（空气）等； 风管是否有泄漏，有没有风管被堵塞、冰冻

图 3.3-10　常用机械的分析与处理

（7）水、蒸汽。

图 3.3-11 所示为水、蒸汽的分析与处理。

排管、计量表	有没有蒸汽及水的泄漏； 蒸汽压力表、水压表有没有污垢，有无界限标示； 是否标示流体的流向； 排管、计量表的保温层是否破损或松动
阀门类	阀门手柄是否掉落，固定螺丝是否松动； 是否有不能关紧的阀门； 开闭时有无困难； 是否有开闭标示； 需要调节流量的地方是否有相应的刻度标示

图 3.3-11　水、蒸汽的分析与处理

12. 活动看板与组织结构图的应用

开展 1STEP 初期清扫活动，应引入活动看板与组织结构图，让活动条目清晰、明确，组织架构完善，任务精准到人，从而有效开展 TPM 工作。活动看板应放置在活动现场。

活动小组还应指定组织结构图，落实每一个级别的人员设置，并将组织结构图张贴于醒目位置。图 3.3-12 所示为组织结构图，能够明确到人。

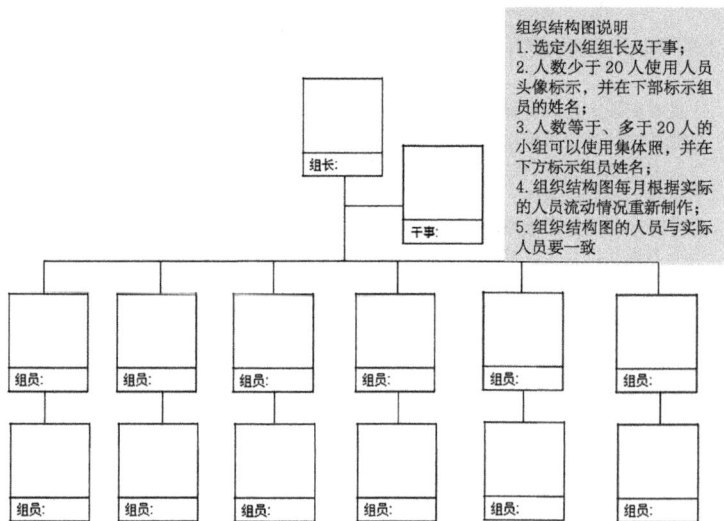

图 3.3-12　组织结构图

3.3.3　第 2 步：实施发生源、困难点对策

TPM 活动的第 2 步是实施发生源、困难点对策。这个阶段的目的是消除垃圾、灰尘、污垢的发生源，防止飞散并改善清扫、加油、点检的困难点，缩减清扫、加油、点检的时间，提高改善设备的实质效果。

为了把 1STEP 中诊断合格的设备的清扫水准继续维持下去，应防止灰尘、污染的再发生。如果不能把发生源除掉，就无法防止灰尘、污染的飞散。如果连防止飞散都无法做到，就必须对发生源及其周边定期进行清扫。在这种情况下，为了在具体的时间内完成清扫，就应实施作业方法及设备的改善。

通过这样做来防止灰尘、污染附着在材料、制品、设备上，不仅能够提高品质、防止劣化，而且能更容易发现微缺陷。在微缺陷变为中缺陷或大缺陷之前就对其进行处理，可以提高设备的可信赖性。而且，对清扫困难点进行改善还能提高设备的保全性。表 3.3-2 所示为发生源、困难点对策的实施顺序，应按此来解决问题。

表 3.3-2　发生源、困难点对策的实施顺序

发生源对策	（1）发生防止对策	找出灰尘或污染的发生源，去除发生源
	（2）飞散防止对策	在无法除掉灰尘或污染的发生源的情况下，防止其飞散
困难点对策	（3）清扫方法的改善	发生源对策没有成功时，为了容易进行清扫而改善清扫顺序或工具
	（4）设备改善	在（1）（3）对策没有成功时，为了容易进行清扫而改善设备
设计中的接收并进行反馈	设备的发生源、困难点的对策是根据技术、成本制约来反馈给设计环节，然后对出现问题的设备进行处理	

在第 1 阶段的基础上，2STEP 需要促进清扫困难点及不合理的改善，改善点检困难点、消除发生源，寻找问题产生的根本原因。

1. 消除发生源

（1）杜绝、减少问题的发生。让存在的问题得以有效解决，对因时间积累可能产生的隐患及时处理。

（2）**预防污染、不良、故障**。避免污染源的存在，改善设备运转状态与环境，将故障出现的可能性降至最低。

2. 改善困难点

① 为了便于进行注油、点检、清扫，要改善使用的工具。

② 便于操作、清扫作业的改善。例如，通过运用如封堵、改造、引导、透明化等方法将污染的源头密封，使设备点检方便化、可视化。

3. 2STEP 分步进行的方法

实施 2STEP 发生源、困难点对策时，应按照分步进行的方法有序推进。表 3.3-3 所示为 2STEP 分步进行步骤，应严格遵循。

表 3.3-3　2STEP 分步进行步骤

2STEP			
1	发生源的整理与再检讨	7-4	发生源：对策的评价
2	困难点的整理与再检讨	8-1	困难点：是什么的分析
3	清扫基准书的制定	8-2	困难点：对策的入案
4	清扫周期的把握	8-3	困难点：对策的实施
5	时间目标的设定	8-4	困难点：对策的评价
6	改善部标的设定	9	清扫基准的再检讨、整理
7-1	发生源：是什么的分析	10	剩余课题的整理
7-2	发生源：对策的入案	11	部分问题的展开
7-3	发生源：对策的实施	12	STEP 诊断

进行分步分析后，就可以针对设备进行自主保全工作。表 3.3-4 所示为 2STEP 发生源改善，对各个问题进行了详细记录。

表 3.3-4　2STEP 发生源改善

序号	改善项目	具体内容
1	不合理名称	齿轮注油装置

续表

序号	改善项目				具体内容
2	提出日期				20××年×月×日
3	提出时的状态相片、图				（示例图片）
4	改善后模样（20××年×月×日）				（示例图片）
5	现在模样				什么东西：铁沫
					什么时候：运转时
					在哪里：齿轮上面
					怎样的：磨损后堆积
					多少：5g/周
6	改善活动目标				通过圆滑的注油来减少摩擦的抵抗
					铁沫产生为"零"
7	改善后成果				铁沫产生为"零"
8	利用 Know-Why 分析原因	Know	Why	Why	Why	Why
		原因是什么	润滑油供应不良	周期性供油不良	——	——
		该怎样改善	供应润滑油	设置供油装置	——	——
		这样进行改善	附着自动供油装置来维持延续的油供应	——	——	——
9	具体的改善活动	假制作	效果	问题点	正式制作	效果
		（示例图片）	因磨损而产生的铁沫为"零"	油落在地面	（示例图片）	铁沫产生为"零"；防止油被污染

3.3.4　第 3 步：制作维护基准书

第 3 步的内容是为了维持设备的基本条件（清扫、注油、紧固），根据操作员必须做的日常清扫工作，整理出清扫基准，制作维护基准书。制作维护基准书的目的是设定防止设备劣化的基本条件，以便进行清扫、加油、紧固螺栓的维持管理，制作能在短时间内可奏效的行动基准，形成目视化管理。

图 3.3-13 所示为清扫、给油基准书，企业应制作这样的完整的基准书，对改良活动进行分类说明。

	清扫、给油基准书									
图 / 照片	清扫部位		清扫基准	清扫方法	清扫工具	清扫时间	清扫周期			担当
	NO	项目					日	周	月	
	1	本体 FRAME 旋转	无橡胶等的附着	用铁铲铲完，用扫帚扫除		15 分			○	
	2	本体及周围	无橡胶等的飞散	用扫帚扫除		5 分	○			
	3									
	4									
	5									
	合计					20 分				
	清扫点检		1）异物重点管理（点检项目）——其中如维护，更换需点检确认的项目							
			2）改善项目（清扫）要维持管理点							
	给油部位		给油基准	给油方法	给油工具	给油时间	给油周期			
	记号	项目					日	周	月	
	a	AIR OILLER	上下限内总有油	注入	油壶	10 分			○	
	b	缓冲器	油量是 GEAR 一半	滴入	油壶	5 分		○		
				均匀涂敷	毛刷布					
				挤入	油枪					
	合计					15 分				
	给油时点检		1）重点管理的注油点附近是否正常							
			2）重点管理的注油点是否有污染							
			3）注油改善项目要维持管理的点							

图 3.3-13　清扫、给油基准书

维护基准书应由车间制定，提交 TPM 小组进行审核，然后由质管部审核发行。

维护基准书的制定，要达到以下要求。

① 图片清晰、内容完整。

② 定点——设定检查的部位、项目和内容。

③ 定法——确定点检的方法。

④ 定标——制定判定标准。

⑤ 定期——设定检查的周期。

⑥ 定人——确定点检项目实施人员。

3.3.5 第 4 步：总点检

TPM 的第 4 步，是总点检。总点检是指对设备操作员在设备的自主保全方面提出更高的要求，要求操作员更深层地掌握设备的结构、性能、运行原理，以求对设备进行更加精细的点检，消除潜在问题，使设备恢复到初始状态的日常点检活动。

这个阶段是为了维持设备原有的性能，通过利用人的五感或简单的工具仪器，按照预先设定的周期和方法对设备上的某一规定部位（点），对照事先设定的标准进行有无异常的预防性的周密的检查，以便设备的隐患和缺陷能够被早期发现、早期消除。

总点检的重点在于测量设备的劣化程度并采取改进措施，是对"事前预防"中遗漏的问题和结果的"事后控制"活动。通过对设备进行认真点检和管理，准确掌握设备技术状况，及时发现设备缺陷以防患于未然，维持和改善设备工作性能，延长机件使用寿命，减少停机时间，提高设备效率，降低维修费用，保证正常生产。毫无遗漏地检查构成设备的主要机能零件，使潜在化的缺陷显现化，并将设备加以复原。员工在这个过程中，还能培养能检查构成设备的主要机能、零件的技能。

点检按照周期的不同，可以分为日常点检、周期点检和精密点检；按分工可以划分为操作点检、专业点检。企业应根据点检手册实施点检技能教育和总点检，找出设备缺陷并修复。

1. 总点检给企业带来的改变

4STEP 阶段总点检，除了会带来设备维护方面的改变，还会带来更多深层次的变化。

（1）**维修资材需用计划落实**。点检员在编制维修工程计划的同时，还要根据日常维护的需要、工程规划等，制定倾向管理图表，编制维修资材需用计划（包括备品、备件计划和工程材料计划），并组织落实计划的实施，将材料、备品、备件运至检修现场，使维修工程顺利进行。

（2）**维修技术的掌握和标准的制定**。点检员的工作要求不限于对维修技术的要求，点检员还要掌握故障分析的技巧，并提出改善对策（包括技术性改进、结构改动、材质优化等）。同时，点检员还要参与到 TPM 小组活动的讨论之中，研究并落实对策，为实施点检作业提供依据。点检标准和给油标准是点检维修管理的重要标准，由点检员自己制定和修改，点检员要随时掌握这些标准，开展正确的点检业务活动。

（3）**维修工程计划和工程协调**。点检员需要制定维修工程计划，以保证工程协调并推进 TPM 的进程。根据点检的 3 个表格（周期管理表、倾向管理表和点检状态记录表）进行维修工程计划的初案编制工作，其内容包括工程计划项目、具体内容等，并进行估工、估料。

当工程协调结束后，点检员还应该准备实施工作，进行前期准备，包括检修开工前的安全认可、签发施工标志、送电与停电的顺序、现场带电带火作业等手续，并掌握施工进度，开展施工中的协调工作，进行完工确认，保证施工质量，并组织检查、试运转等工作，使计划圆满完成。

（4）**设备技术信息的传递**。点检员是设备的最基层管理者，对于设备的状态非常了解，应当及时记录设备的运行状况，如运转情况、结构变化、异常和故障等。在运用电子计算机进行设备管理后，点检作业长可以随时将信息输入终端机，为中央管理机提供原始信息，使设备管理部门能够更快、更准确地得到信息，以便调整检修计划、修改检修标准。

（5）**设备技术状态管理**。随时掌握设备在生产中状态变化的综合管理过程，使设备的维修能够及时并达到最佳经济化，这种管理可称为设备技术状态管理。该管理的内容包括设备故障（事故）管理、状态监察和信息报告，以及状态的有效考核。其以点检作为状态管理的基础，进行故障实绩管理、调查分析处理，及时反映状态变化，掌握状态信息，采取各种改善对策，积极消除设备状态失效因素，使设备经常处于良好的运行状态。

（6）**维修费用的预算、控制和承包**。点检员不仅需要进行点检工作，还需要对维修费用进行预算和控制，针对生产情况、设备状态、维修方针和历年维修费用支出进行费用预算，并对预算进行控制，使本管理区维修费用达到最经济的水平。在有条件的情况下，企业应实行点检管理区维修费用承包制，充分发挥点检人员的自主管理意识，以达到逐步降低维修费用的目的。

2. 点检标准化的五大步骤

总点检工作应按照标准化流程进行，并严格遵循五大步骤。

① 进行点检检查。

② 做好点检记录。

③ 对点检问题进行处理。

④ 对点检发现的问题进行改进。

⑤ 对整个点检活动进行绩效考核。

具体的点检实施流程，如图 3.3-14 所示，以此形成完善的推进点检标准化实施流程。

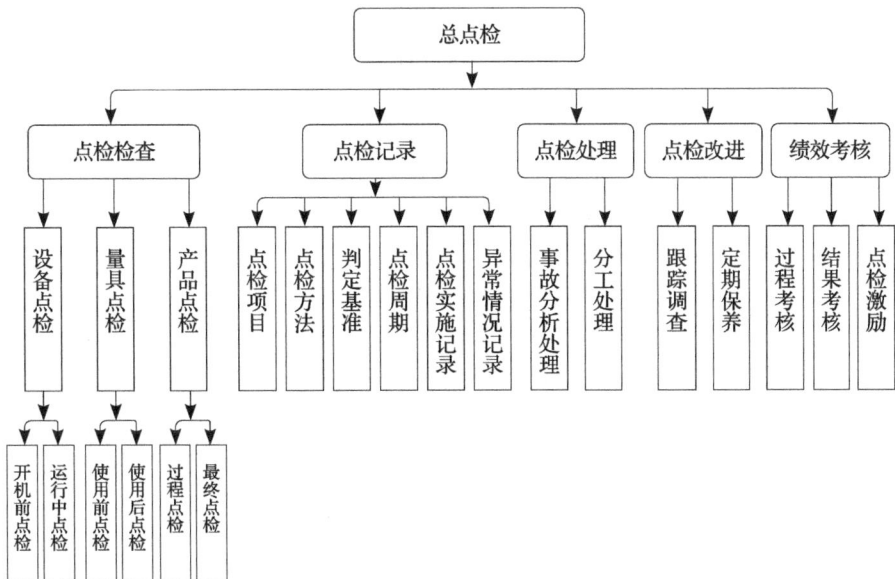

图 3.3-14 点检实施流程

相关工作结束后，应将完整表格按照流程上交。表 3.3-5 所示为总点检表，员工应规范填写，让每一项工作精准到人。

表 3.3-5　总点检表

工作阶段	序号	工作内容	计划完成时间	实际完成时间	责任人
1. 实施机构建立	1.1	成立企业点检定修管理工作领导小组			
2. 宣传动员	2.1	点检定修管理体制宣传			
3. 点检岗位设置	3.1	点检员选拔			
	3.2	设备划分			
	3.3	人员定岗			
	3.4	点检员培训			
4. 实施方案制定	4.1	制定总体规划			
	4.2	确定岗位设置			
	4.3	制定岗位工作标准			
	4.4	实施方案上报集团企业审核备案			
5. 管理制度修订	5.1	制定设备缺陷管理制度			
	5.2	制定给油脂、定期试验和维护、"四保持"等设备维护保养的管理制度			
	5.3	制定运行巡检管理制度			
	5.4	制定定期点检、精密点检等点检业务的管理制度			
	5.5	制定检修管理办法、技术改造管理办法等实施细则			
	5.6	制定质量验收管理办法，制定安全、环保工作等的管理制度			
	5.7	制定对项目企业维护检修工作的评价和考核标准			
	5.8	制定检修费用管理、物资管理等制度			
	5.9	制定合理化建议、QC、技术进步等管理制度			
	5.10	制定技术资料管理制度			
	5.11	制定各级人员考核制度、考评细则			

续表

工作阶段	序号	工作内容	计划完成时间	实际完成时间	责任人
6. 设备资料整理	6.1	设备分类，设备编码的建立、完善			
	6.2	整理设备厂家图纸、设计院图纸等资料			
7. 技术标准制定	7.1	制定点检标准			
	7.2	制定巡检标准			
	7.3	制定维护保养标准			
	7.4	制定定期试验和维护标准			
	7.5	制定设备技术标准			
	7.6	制定检修作业标准			
	7.7	编制检修作业指导书			
	7.8	确定年修模型			
	7.9	建立各级检修标准项目库			
	7.10	编制物资、备品储备定额			
8. 点检工具配置	8.1	点检工具的选型、定购			
	8.2	点检工具的到货验收、发放			
	8.3	点检工具的使用培训			
	8.4	点检管理软件系统的选购			
	8.5	点检路线的制定、巡检路线的修订			
	8.6	点检管理软件的安装、培训			
9. 设备点检运行	9.1	按巡检标准实施日常巡检			
	9.2	按点检标准实施定期点检			
	9.3	实施精密点检			
	9.4	点检管理软件的上线使用			

续表

工作阶段	序号	工作内容	计划完成时间	实际完成时间	责任人
10. 定修实施	10.1	缺陷管理制度的落实			
	10.2	设备维护保养制度的落实			
	10.3	设备定期试验、定期切换制度的落实			
	10.4	物资管理制度的落实			
	10.5	技术台账管理相关制度的落实			
	10.6	实施检修项目优化			
	10.7	执行检修作业指导书制度			
	10.8	落实检修质量管理制度			
	10.9	落实检修费用管理制度			
	10.10	统计对比设备的可靠性、经济性			
11. 点检定修完善阶段	11.1	完善点检定修工作标准			
	11.2	完善点检定修技术标准			
	11.3	完善点检定修管理标准			
12. 总结	12.1	进行本单位点检定修实施情况总结			
	12.2	定修实施情况总结上报集团企业			

3.3.6 第5步：自主点检

第5步为自主点检，目的是让设备操作员拥有判断设备异常的能力，以此促成点检标准成型并正确地处理异常，以及具备修理小故障的能力，重新探讨清扫、加油点检基准和修订自主保养基准。操作员经过前4个阶段的培训与实践，对自己操作的设备的性能状况已有了较深层次的理解，这时员工就具备了自己发现问题的能力，从操作员的角度重新审视之前制定的清扫、总点检标准，确认点检项目简单化和优化已经成为可能。在遵守标准的基础上进行改进，不断完善、简化、优化点检流程。

以啤酒设备管理为例。啤酒酿造设备管理主要是进行现场管理，需要操作员具备自主点检的能力，以便快速发现问题、解决问题。啤酒设备中的麦芽除杂机，通常会出现周围粉尘较多的情况，由于门盖松动会导致粉尘每次清扫后又会很快出现。这个时候，如果设备操作员建立了自主点检的思维，就能够有效分析问题，发现其主要原因实际在于门锁螺纹磨损，导致门盖无法锁紧而松动，从而在现场解决问题，杜绝问题的拖延。

在自主点检过程中，还应加强目视化管理。除了规定的各类仪表、液位、管路、各类表格的目视化，员工在点检过程中还要运用自己的经验，开展能提高点检效率、点检精度的目视化管理工作。例如日常点检项目的目视、故障源纳入点检项目后的目视等。

3.3.7 第 6 步：标准化

第 6 步为标准化，目的是实现让设备只生产良品，使各种现场管理项目实现标准化，探讨操作员的任务与关联作业的效率化、标准化，建立自主点检的维持管理架构。

6STEP 阶段的重点，主要有以下几点。

① 扩大现场管理项目的范围，包括安全、品质、作业效率化。

② 继续针对设备、工作人员、标准书、零件等加以管理。

③ 扩大目视化管理的范围。

④ 使整理、整顿形成习惯。

⑤ 从 ① 到④各阶段，了解必要管理的对象项目，自行制定基准书并遵守。

3.3.8 第 7 步：自主管理

第 7 步为自主管理，目的是为了改善设备、改变人，做出有成果的活动，建立持续进行自主管理的工作框架，挑战零故障、零不良。自主管理需要重新探讨清扫、加油的点检基准，并修订自主保全基准。为确实做到自主保全基准的维护管理，应提高设备自主点检作业的效率并实施目视化管理、采取防止措施等。

1. 自主管理的重点内容

自主管理阶段的重点工作内容如下。

① 开展班组互检和评比，并与车间抽检相结合。

② 加强培训，提高员工技能水平。

③ 强化初期清扫，巩固后再开始后续活动。

④ 采取可视化的手段，减轻工作量。

⑤ 简化工作流程和表格，减少形式化。

⑥ 开展示范线和样板机台活动。

⑦ 采取激励措施，调动一线员工的积极性。

2. 自主管理的促进方向

自主管理的促进方向是让第1步到第6步的内容体制化、习惯化。

TPM设备自主保全的7个步骤是开展TPM活动的关键重点，只有严格按照7个步骤进行，才能保证活动的有效开展。在实施的过程中，企业必须注意以下内容。

① 第1步、第2步与第3步有助于建立设备自主保全的基本条件，是进行有效自主维护的基础。

② 第4步与第5步强调全面的设备检查与维修过程的标准化。这两步有助于培养操作员。在这些阶段，设备故障问题可能会大大减少。

③ 第6步与第7步强调通过提高操作员的知识与经验水平，开展改善活动。经过这些阶段的实践，操作员能清楚理解企业的目标，深刻认识到维护与改善活动是车间有效自我管理的基础。

3.4　TPM 目视化管理

TPM 活动需要实现目视化管理的需求。所谓目视化管理，指通过视觉导致人的意识变化的一种管理方法。其利用形象直观、色彩适宜的各种视觉感知信息来组织现场生产活动，实现高效与快捷的管理。从生理上看，人的"视觉"感知敏锐度最强，在企业管理中，强调各种管理状态、管理方法清楚明了，达到"一目了然"，让员工容易明白、易于遵守，自主性地完全理解、接受、执行各项工作，这将给管理带来极大的好处。

TPM 目视化管理的优势，集中于以下几个方面。

1.　有效提示

有效提示需要注意的关键点是，避免由于疏忽而引起工作失误。尤其对于设备数量较多的企业，每台设备的保全维护时间不同、难度不同、流程不同，经常发生的情况是由于未能按时对设备进行必要的维护保养，导致设备故障。缺乏对设备的管理，设备故障率自然偏高。

通过 TPM 目视化管理，设备的维护内容会在现场进行明显提示。例如，针对机器设备润滑油、过滤器、皮带等消耗品的更换，在设备旁边设立 TPM 活动板，上面注明需要更换的消耗品的型号、数量、更换标准、上次更换时间和下次预计更换时间等内容，并完整展示保全人员的姓名。这样，如果没有按时更换消耗品，就可以现场及时更换，避免因遗忘而延误工作。

2.　有效展示设备的状态

有效展示设备的状态包括正异常的状态和参数。例如，在设备旁的 TPM 活动板上，会写明仪表的正异常范围、开关的正异常位置、阀门的开闭状态、液位的上下限标识等。工作人员对设备的运行状态是否正常一目了然，一旦发现设备状态与活动板的说明不符，就可以立即开展维修工作，避免问题进一步加剧。企业通过 TPM 目视化管理，将发电机房各种仪表的正异常范围标出，并设置点检作业通道，使记录发电机运行参数的抄表作业时间由原来的

10 分钟缩短到 2 分钟，大大缩短了维修养护的时间，设备停机的次数也明显下降。

3. 使作业简单化

许多设备的开机、停机、切换等过程很复杂，操作失误会对设备造成损害。企业应用目视化管理方法，将设备复杂的操作步骤标识出来，以图片、照片等直观的方式进行展示，这样即便是新入职的员工也能快速按照说明解决问题，使设备的操作简单化，减少失误的发生。

TPM 应用目视化管理技术的目的，是引导操作员进行正确操作，预防失误操作，有效识别标识地点、生产状态、标准作业流程、业绩信息。开展全员目视化管理活动，需要遵循以下几个原则。

① 设定目标、明确目的。

② 建立开展活动的组织、推选负责人。

③ 要有计划，全面考虑和设计对象。

④ 确定目视化管理的项目。

⑤ 研究开展目视化管理活动的方法和表现的形式。

⑥ 按计划组织目视化活动的实施。

⑦ 实施效果的追踪、改进和提高。

3.4.1 标识管理

企业厂房内的标识，要做到明确标示，依情况清楚地标示区域、分类、品名、数量、用途、责任员等信息，做到"一目了然"。整顿的宗旨就是要以最少的时间和精力，达到最高的效率、最高的工作质量和最安全的工作环境。其中，物品名称和存放场所一定要明确地标示清楚，这样才能让每个人随时知道要用的东西在哪里。

同时，相关标示在不影响生产的前提下，应尽量减少摆放的数量。采用统一规定的颜色进行区分、标示、划线是很重要的，否则也会造成混乱。标签、定位、显示板、区划线等类型需要统一。表 3.4-1 所示为标示管理说明，企业应按规定进行标识设置。

表 3.4-1　标示管理说明

类别	颜色表征	说明	对比色	双色板
禁止标识	红色	禁止、停止	白色	红面白底
警告标识	黄色	警告、注意	黑色	黄面黑底
指令标识	蓝色	指令或必须遵守的规定	白色	蓝面白底
指示标识	绿色	提示、安全、通行	白色	绿面白底

针对不同设备，还应进一步按照目视化管理原则对标识加强管理。

1. 设备仪表管理标识

图 3.4-1 所示为设备仪表管理标识，尺寸为 60mm×60mm，采用不干胶印刷。

2. 仪表界限标识

图 3.4-2 所示为仪表界限标识，应用蓝色和红色不干胶标明仪表的使用范围，保证任何人都可以迅速看清仪表的工作状态。不干胶长度为表盘半径减刻度长，宽度不超过最小刻度线的宽度。蓝色表示仪表使用范围的下限，红色为上限。

3. 螺顶对齐标识

图 3.4-3 所示为螺顶对齐标识，螺钉拧紧后，用红色油漆在螺栓和螺母上做对齐标记，如需观察螺钉

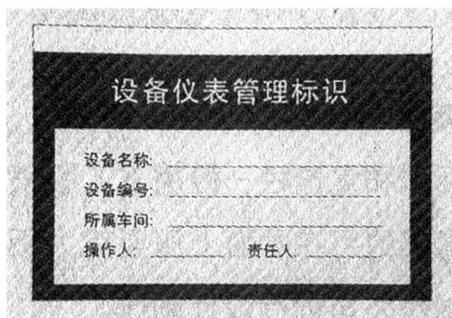

图 3.4-1　设备仪表管理标识

图 3.4-2　仪表界限标识

松动情况可在螺母与被紧固件易于观察处做标记，对双螺母在两螺母同一平面处做标记。这种标识适用于长期不拆卸而又需要经常检查的螺栓、螺母。

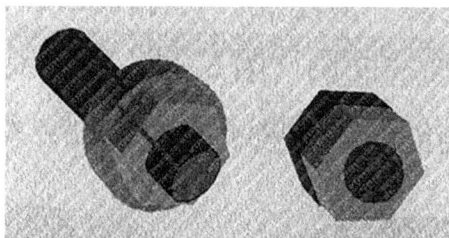

图3.4-3　螺顶对齐标识

4. 球阀状态标识

图3.4-4所示为球阀状态标识，尺寸为50mm×80mm。该标识在压缩空气管路、生产线及设备的进气端、自来水管路球阀等位置使用，吊挂在球阀阀杆上。

5. 点检标识

图3.4-5所示为点检标识，明确标示检查的部位，确保检查无遗漏。检查按频率分为日检查、周检查、月检查3种。点检标识尺寸为

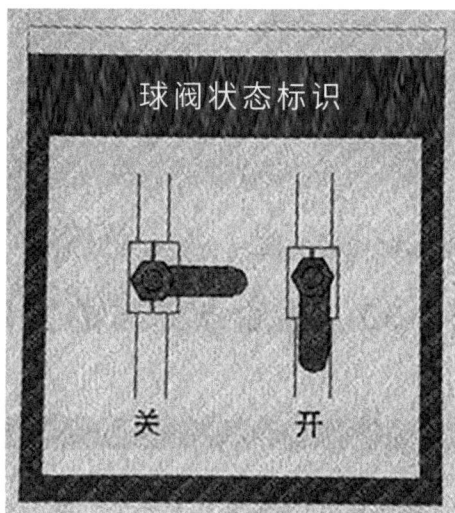

图3.4-4　球阀状态标识

60mm×60mm，用不干胶或PVC（Polyvinyl chloride，聚氯乙烯）板单面印刷，粘贴或悬挂在最方便识别的部位。

6. 注油点标识

对于轴间、滚轴、链条、润滑装置等需要润滑的部位的注油点设置注油点标志。注油点按频率分为日注油、

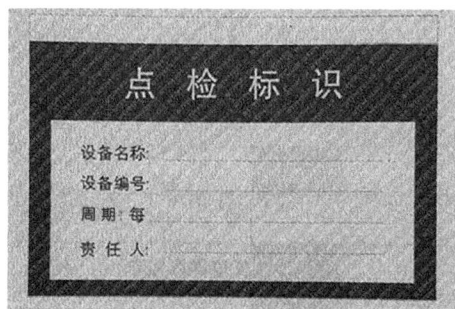

图3.4-5　点检标识

周注油、月注油 3 种，尺寸为 35mm×50mm，呈椭圆形，用不干胶或 PVC 板单面印刷，粘贴或悬挂在最方便识别的部位。

7. 换件周期标识

图 3.4-6 所示为换件周期标识，对于需要定期更换的易损件等消耗品设备，要设置换件周期标识。换件周期标识尺寸为 150mm×200mm，用不干胶或 PVC 板单面印刷，粘贴或悬挂在最方便识别的部位。

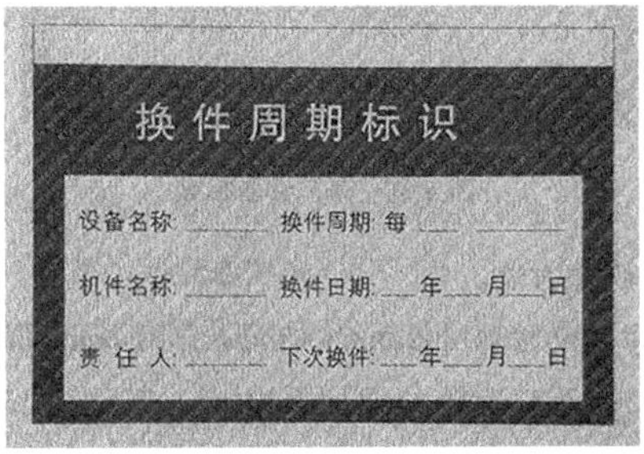

图 3.4-6　换件周期标识

8. 设备维修中标识

图 3.4-7 所示为设备维修中标识，机器设备在检修时，要在机器设备和相关供电开关处，放置或悬挂设备维修中标识。该标识尺寸为 300mm×400mm，用 2mm 厚有机玻璃板单面印字。设备维修中标识要标明修理及检查所需时间、责任人的名字，悬挂或放置在最显眼的位置。

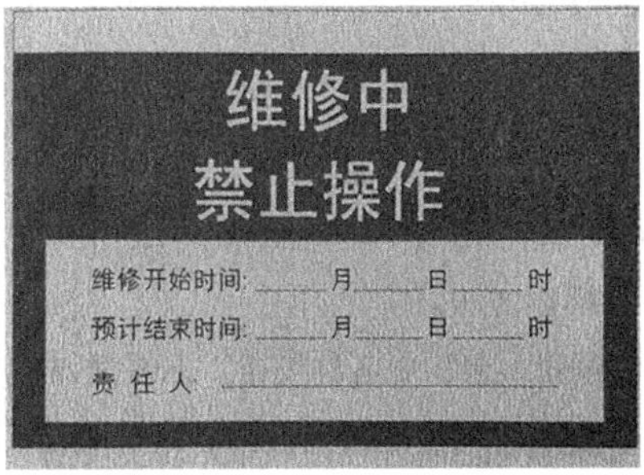

图 3.4-7　设备维修中标识

9. 设备备用/运行标识

图 3.4-8 所示为设备备用/运行标识，表明设备处于备用/运行状态，预防发生安全事故，提高设备切换质量。设备备用/运行标识的尺寸为 200mm×200mm，用 2mm 厚有机玻璃板单面印字。标识上要有责任人签字并放置或悬挂在最显眼的位置。

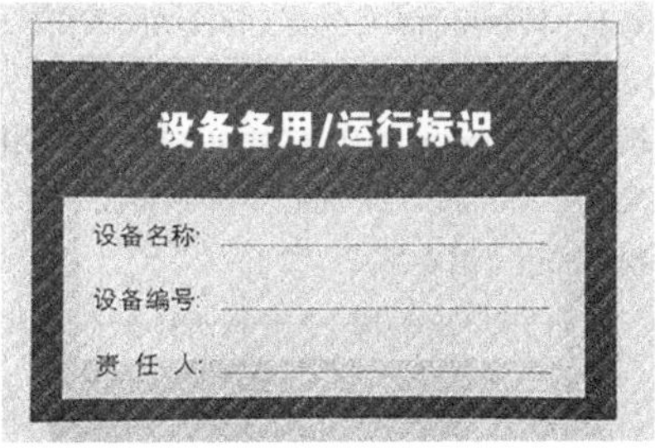

图 3.4-8　设备备用/运行标识

10. 不运转设备标识

不运转设备标识，尺寸为 200mm×400mm，用 2mm 厚有机玻璃板单面印字。标识要详细记录不运转的原因及状态，有确认日期和确认人签字。标识应放置或悬挂在最显眼的位置。

3.4.2 TPM 看板管理

对于 TPM 活动，推行看板目视化管理，可以把事物（设备、材料、工具、文件等）的数量或特性值的管理极限进行可视化描述，以便在不借助工具的情况下，即可实施有效管理。目视化管理效果图可以让 TPM 活动能够以"文字＋图案"的形式呈现，让员工快速了解、管理层清晰管理，避免过于专业的术语描述给企业带来管理困扰。

TPM 看板管理要做到无论是谁都能判断是好是坏；能迅速判断且精度高；判断结果不会因人而异。

推行 TPM 看板目视化管理的意义在于，近年来伴随着企业自动化、机械化的推行，仅靠设备维护人员已经无法保证设备的正常运转，现场操作员也需要掌握相应的维护技巧。操作员的工作不仅仅只是操作，还要进行简单的清扫、点检、加油、紧固等日常保养工作。目视化管理的设备管理以能够正确地、高效率地实施清扫、点检、加油、紧固等日常保养工作为目的，达成设备的零故障。

1. TPM 看板管理的目视化管理水准

针对 TPM 看板，目视化管理应当达到以下水准。

① 初级水准：点检员能了解目前的状态。

② 中级水准：任何人都能马上判断是否正常。

③ 高级水准：当出现异常时，任何人都能马上处理。

无论哪一个层次，看板管理都必须达到以下几个要求。

① 专人维护。

② 随时更新。

③ 对号入座。

④ 格式统一。

2. TPM 看板管理的要点

要做好 TPM 看板目视化管理，需要做好以下几点。

（1）**品质**。分色管理、特性值管理、不良状态识别、异常提示。

（2）**备品**。定位管理、数量管理、取货点管理。

（3）**设备**。定位管理、状态管理、点检标准管理、异常管理。

（4）**物料**。数量及限量管理、购买点管理、异常管理。

（5）**文件**。文件摆放、分类、提示、查询管理。

（6）**场所**。区域表示、定位线、揭示物整顿及规范化管理。

（7）**环境**。垃圾分色分类管理、环境美化管理、节能降耗提示。

（8）**流程**。重要程序提示、揭示。

3.4.3 维护保养周期目视化

日常维护保养同样需要做到目视化。它的基础要求为简单易懂、一目了然、易于管理。

日常维护保养的周期通常较短，涉及内容较多，在进行目视化管理时，需要做好以下细节工作。

① 在点检的部位，要清晰明了地表示应该进行检查或保养的机能部位。例如，在润滑部位，用不同的颜色来表示不同的加油类型，不同的管道用不同的颜色来标示。

② 能迅速发现发热异常。例如，在电机、泵上使用温度感应标贴或温度感应油漆。

③ 是否正常供给、运转清楚明了。例如，在容器上旁放置一个细玻璃管或红色飘带。

④ 在各类盖板的极小化、透明化上下功夫。例如，对于传动系统要努力研究如何使其容易被"看见"。

⑤ 标示出仪器仪表的正常范围和异常范围。例如，用颜色表示（绿：正常；红：异常）。

⑥ 标示设备是否按要求的性能、速度运转。例如，将设备应有的参数贴在醒目的位置，供点检员参照。

⑦ 清楚标出点检线路，保证点检部位不会被遗漏。例如，明确点检线路，在点检部位贴上"点检票"。

表 3.4-2 所示为物品存放柜标签，它是维护保养目视化的体现，责任人、部门、产品数量、设备名称等一目了然，便于相关人员管理维护，能改善管理效果。

表 3.4-2　物品存放柜标签

责任人	张 × ×；李 × ×		部门	× × 班组
存放物品				
序号	产品名称	规格	数量	使用次数 / 周
1				
2				
3				

3.5　3 级诊断验收

对于 TPM 设备自主保全活动，企业应实行 3 级诊断验收模式，分别从小组长、制造科长、部门经理与企业 3 个层面验收，确保 TPM 活动达到要求。每一级负责人应签订诊断书，确认项目的执行。

3.5.1 TPM 小组组长自行诊断

TPM 设备自主保全活动结束后，TPM 小组事先要对照 TPM 推行办制定的相关诊断标准进行自我检查，并由小组负责人给予评分。得分在 90 分以上（含 90 分）的小组，才能申请二级诊断；如果得分在 90 分以下，需要再次开展 TPM 活动，直到达到企业要求的标准。

TPM 小组诊断活动，通常在设备现场开展，小组组长是考核第一人。参加验收的 TPM 小组全体人员要服装整齐，在活动地列队接受验收。诊断前，各 TPM 小组要完成活动现状板内容填报，发表人要事先准备好发表用的成果报告书。小组组长根据报告书逐一检验，确认无误后才可以进入下一阶段。

3.5.2 制造科长诊断

小组诊断结束后，制造科长应根据小组诊断报告进行下一步诊断。制造科长为这一阶段的诊断第一人，同时还应会同推行办、顾问师一起，按诊断表单对本部门 TPM 小组进行各阶段检查、诊断评分工作。得分在 85 分以上（含 85 分）的小组，才能申请一级诊断；如果得分在 85 分以下，应要求小组再次进行 TPM 设备自主保全工作，直到达到标准。

如果制造科长因工作原因无法到车间亲自诊断，应委派专人来负责诊断，TPM 推行办在过程中给予指导。TPM 小组活动申请一级诊断验收前必须提出书面申请，即填写 TPM 小组验收诊断申请书，然后递交企业。

3.5.3 部门经理、企业诊断验收

制造科长诊断结束后，由部门经理、企业诊断验收。这是 TPM 活动的最终诊断，通过后签发阶段合格认证牌。一级诊断验收由部门经理、企业领导进行，TPM 推行办负责组织实施。

接受一级诊断的 TPM 小组所属部门领导要陪同企业领导进行验收。验收时，TPM 小组全体人员都应参加。其他参加人有 TPM 推行办人员、相关部门 TPM 干事以及其他可以到场的人员等。

对已通过各阶段验收的 TPM 活动小组，企业组织 TPM 推行办人员和 TPM 干事每月复查一次，若 TPM 活动的小组不能维持标准、有所退步，则将给予黄牌，该小组必须整改。

如果两次复查 TPM 小组都未能达到企业要求的标准，企业可以取消 TPM 小组的资质，并追究小组负责人责任。同时，企业还应对该部门通报批评，并做出相应的经济处罚建议，报企业处理。

3.6 KTPM 管理推进

想要做好 TPM 设备自主保全工作，就必须科学推进，做到有效管理、科学管理。

3.6.1 KTPM 的推进模型

KTPM 管理模式推出后，经过不断实验、探索和修正，最终形成稳定的推进模型，其模型示意如图 3.6-1 所示。

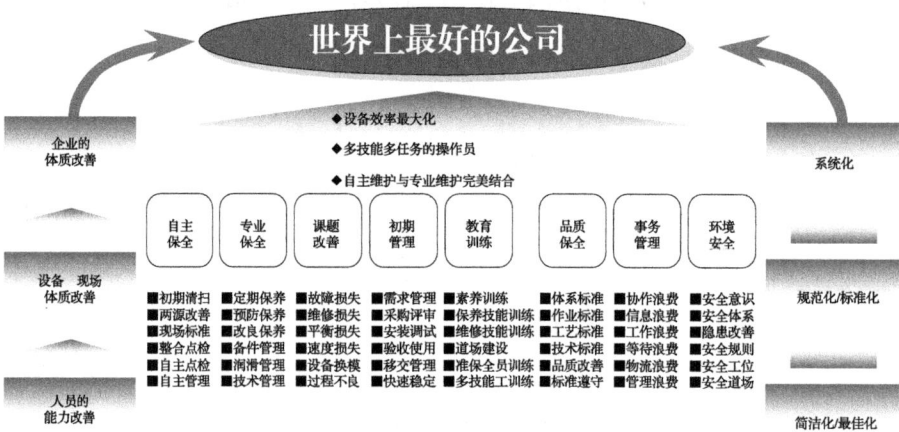

图 3.6-1 KTPM 的推进模型

KTPM 管理推进的基础，包括 6S、6H、6I、6T、6Z 等。其具体内容如表 3.6-1 所示。

表 3.6-1　KTPM 管理推进的基础

项目	内容
6S	整理、整顿、清扫、清洁、素养、安全
6H	污染源、困难源、故障源、缺陷源、浪费源、危险源
6I	改善效率、改善质量、改善成本、改善员工疲劳状况、改善安全状况与环境、改善工装态度
6Z	零故障、零缺陷、零库存、零事故、零差错、零浪费
6T	可视化管理、目标管理、企业教练法则、企业形象法则、项目管理、绩效评估与员工激励

在上述基础上，具体的推进八大支柱如下。

1. 自主保全

对设备日常使用情况最了解的人，无疑是生产一线操作员。由他们做好设备的日常保养、清洁、清理、润滑等工作，降低设备故障率，称为自主保全。

在 KTPM 系统中，自主保全的主要方法如图 3.6-2 所示。

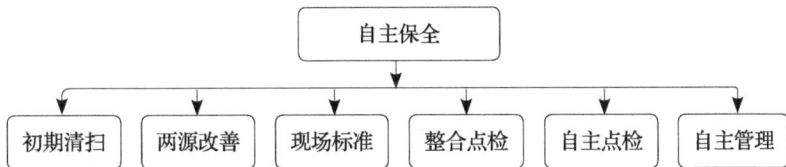

图 3.6-2　自主保全的主要方法

2. 专业保全

以设备管理部门为中心进行的设备管理活动，称为专业保全。通过专业保全，能够降低维持设备使用寿命的总成本，提高生产价值，以最少的成本最大限度地发挥设备的最佳性能。

专业保全的方法有：定期保养、预防保养、改良保养、备件管理、润滑管理、技术管理等。

具体的专业保全内容，将在第 4 章详细介绍。

3. 课题改善

对企业现场存在的不合理、问题点、污染点、浪费点等现象进行发掘和分析，使其成为所有参与者共同的问题，并借助科学方法谋求彻底改善或根本解决，这就是课题改善。

KTPM 相关的改善课题种类包括：故障损失、维修损失、平衡损失、速度损失、设备换模、过程不良等。

4. 初期管理

为了缩短产品开发试样时间、设备开发设计制作时间，企业需要在 KTPM 模式中推进初期管理，建立新产品和新设备的初期管理体制。其中，新设备初期管理体制的落实是 KTPM 模式推进的重点，包括需求管理、采购评审、安装调试、验收使用、移交管理和快速稳定等。

5. 教育训练

要想有效推进 KTPM 活动，必须让教育训练活动配合推进步骤，这样才能改善 KTPM 活动对象——人员和设备的能力与稳定性，进而实现对企业改善。

教育训练通常分为 3 种，如表 3.6-2 所示。

表 3.6-2　教育训练分类

方法	内容
开发内容	开发基础维护教材及教育方法，并在企业内部讲师的帮助下进行教育培训
通用工具	利用通用总检手册、零件类总检手册等工具，在上级指导下，由不同部门的自主维护业务小组针对其负责的设备进行维护训练
小组训练	在自主维护阶段，在上级指导下，根据不同自主维护业务小组所负责的设备，分别进行维护。这样才能长期、有效地进行设备维护技能训练

具体的教育训练内容有：素养训练、保养技能训练、维修技能训练、道场建设、准保全人训练、多技能工训练等。

6. 品质保全

品质保全是指保全人员为消除由于设备精度、设备结构、加工条件不佳引起的品质不良所采取的维修和改善活动。

由于社会对企业产品的品质要求日益提高，同时生产现场的自动化技术日新月异，企业必须提高设备保养的效率，并以此为目标进行持续改善。其具体内容包括体系标准、作业标准、工艺标准、技术标准、品质改善、标准遵守等。

7. 事务管理

KTPM 管理是全员参与的集体持续改善活动。如果没有事务部门的支持，活动无法持续下去。此外，事务部门通过开展个性活动，不但可以提高业务效率和服务意识，还能够提高员工管理与领导的能力，为企业源源不断输送具有全局思想的经营管理人才。

事务管理方面的主要推进内容包括协作浪费、信息浪费、工作浪费、等待浪费、物流浪费、管理浪费等的问题管理。

8. 环境安全

安全是万事之本，任何持续改善的活动都必须建立在安全的基础上。因此，环境安全活动始终贯穿于 KTPM 之中。图 3.6-3 所示为环境安全活动重点推进步骤。

建立安全意识 → 形成安全体系 → 改善安全隐患 → 完善安全规则 → 确定安全工位和安全道场

图 3.6-3 环境安全活动重点推进步骤

通过八大支柱的不断改善，KTPM 模式能够让操作员变得多技能、适应多任务，让设备实现效率最大化，促使自主维护与专业维护完美结合。这样，从人员到设备、现场进行改善，最终使企业得到改善。从"点"的简洁化、最佳化，形成"线"的规范化、标准化，最终让企业得到系统性优化的改善和维护效果。

3.6.2　KTPM 管理推进五步法

KTPM 管理模式的具体目标，可以概括为"3 个零"：零故障、零不良和零灾害。

其具体指标是：设备综合效率达成 80%，库存压缩 50%，质量成本下降 30%，经营业绩提升 50%，图 3.6-4 所示为 KTPM 管理模式的具体目标指标。

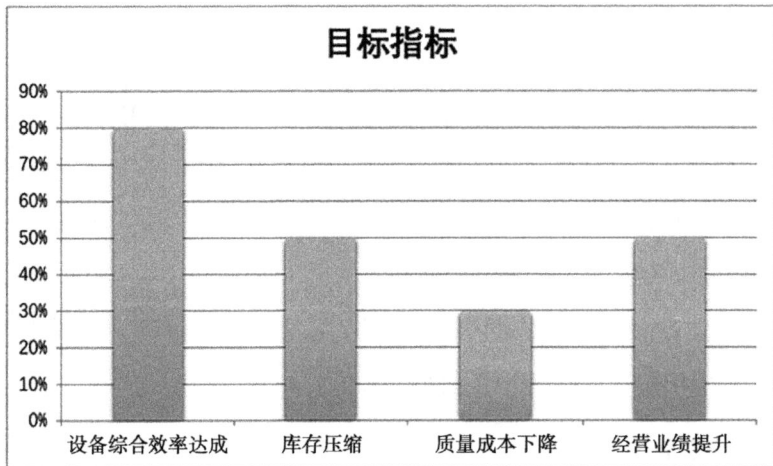

图 3.6-4　KTPM 管理模式的具体目标指标

具体而言，推行 KTPM 的五步法如表 3.6-3 所示。

表 3.6-3　推行 KTPM 的五步法

推进阶段	阶段名称	阶段目的	核心工作	工作内容
1STEP	全面清扫	文化破冰	3S 实战 3M 改善 环境整改	1. 整理、整顿、清扫，3S 实战； 2. 污染源、隐患点红（黄）牌作战； 3. 团队改善：3M（设备、品质、工艺）改善
2STEP	两源改善	初级人才培养	两源整改 设备复原	1. 设备两源改善； 2. 设备故障措施方法手册使用； 3. 建设企业训练道场； 4. 建构文化和知识体系； 5.OPL 件数分析； 6.Why-Why 分析

推进阶段	阶段名称	阶段目的	核心工作	工作内容
3STEP	提产达能	专业人才培养	MTBF、MTTR 课题改善	1.PDCA 步骤实操训练； 2.4M1E 变更管理与控制； 3. 设备五大浪费改善； 4. 课题件数管理； 5. 目标管理体系建立； 6. 提高稼动率
4STEP	降本增效	保全体制规范	遵守率管理 直通率管理	1. 建立 MTTR 维修策略； 2. 目标看板及重点课题推进； 3. 设备点检强化培训； 4. 建立设备保全体系； 5. 操作多能工认证； 6. 培养设备点检技能师队伍
5STEP	自主维护	保全能力具备	多技能工认证 OEE 指标运用	1. 设备 MP 情报管理； 2. 设备 KPI 战略化管理； 3. 设备可信赖性向上； 4. 品质保全活动

（1）第 1 步：**全面清扫**。

初期清扫是破冰阶段，重点在于改善企业原有文化，打造保全文化的基础。通过 3S 实战、污染源和隐患点的红（黄）牌作战、3M 改善等工作，让企业生产现场的环境得到整改，为下一步进行全员持续改善生产保全做准备。

（2）第 2 步：**两源改善**。

"两源"，即生产现场的发生源和困难源。它是企业顺利推广 KTPM 自主保全的两大障碍。企业要想获得 KTPM 的推进成果，就必须对"两源"进行改善。同时，在这一步骤中，通过两源整改和设备复原，能够培养企业的初级改善保全人才队伍。

两源改善的具体工作内容包括设备两源改善、设备故障措施方法手册使用、建设企业训练道场、建构文化和知识体系、OPL 件数分析、Why-Why 分析等。

（3）第 3 步：**提产达能**。

为了让设备发挥出更高的产能水准，同时培养出专业的现场改善保全人才，MTBF、MTTR 课题改善是该步骤中不可或缺的核心内容。

MTBF，即平均故障间隔时间，又称平均无故障时间，其英文全称是 Mean Time Between Failure，指可修复产品两次相邻故障之间的平均时间。

MTTR，全称是 Mean Time To Repair，即平均恢复时间，指从出现故障到恢复中间的这段时间。MTTR 越短表示恢复性越好。

对于产品维护团队而言，很难直接了解维修保养活动与产品质量之间的关系。例如，当修复设备时，通常以功能修理为重点，而不会去关注维修保养时如何提高产品质量。MTBF、MTTR 课题改善能够将产品质量和维修活动相结合，这是相当重要的。

在推动上述两大课题改善时，企业现场生产的不同团队都需要开展 PDCA 步骤实操训练、4M1E 变更管理与控制、设备五大浪费改善、课题件数管理、目标管理体系建立和提高稼动率等工作。

其中，4M1E 的内容如表 3.6-4 所示。

表 3.6-4　4M1E 的内容

项目	内容
人（Man）	操作员对质量的认识、技术熟练程度、身体状况等
机器（Machine）	机器设备、测量仪器的精度和维修保养状况等
材料（Material）	材料的成分、物理性能和化学性能等
方法（Method）	包括生产工艺、设备选择、操作规程等
环境（Environment）	工作地点的温度、湿度、照明条件和清洁条件等

通过对 4M1E 的五大因素的变更、管理和控制，使之标准化，从而达到稳定产品质量和设备效能的目的。

（4）第 4 步：降本增效。

顾名思义，降本指降低成本，增效指提高效率。这一步骤的目的在于规范企业生产保全体制，着重管理生产现场的遵守率和直通率。为实现这一目标，需要做到的主要工作内容包括建立 MTTR 维修策略、目标看板及重点课题推进、设备点检强化培训、建立设备保全体系、操作多能工认证、培养设备点检技能师队伍等。

例如，在建立和运用 MTTR 维修策略时，需要生产现场团队寻找优化设备策略的方法。包括将设备按重要性排序、建立资料库、确认设备重新设计的条件、收集并评估重新设计的建议、针对其他故障模式优化策略和实施监督及反馈等。

又如，在设备点检强化培训中，需要组织员工全过程参加设备检修工作，使员工丰富实际工作经验，掌握和提高检修技能。通过系统学习点检定修知识、进行点检工作跟班实习，提高员工设备点检定修管理水平。通过培训，培养具备专业检修水平并通过专业技能鉴定的人才队伍。

（5）第 5 步：自主维护。

通过该步骤中对多技能工的认证、对 OEE 指标的运用，企业能具备完善的全员持续改善保全能力。主要工作内容包括设备 MP 情报管理、设备 KPI 战略化管理、设备可信赖性向上与品质保全活动等。

其中，通过培养训练一批多技能工，企业可以做到在同一岗位上拥有多名能胜任该工作的员工，也能让每位员工胜任多个岗位的工作；通过多技能工认证后的合理调配，可以帮助企业降低人力成本，丰富设备维护保全的人力资源。

OEE 是 Overall Equipment Effectiveness 的英文缩写，即设备综合效率。运用 OEE 指标，可以衡量工厂的设备在一天内的使用时间中，能够产出多少良品。对该指标进行有效分析，可以帮助企业改进机械设备与工厂固定资产的运行效率。

结合 OEE 指标的运用，企业还需要进行设备 MP 情报管理与设备 KPI 战略化管理。

设备 MP 情报管理，指通过设备的运转与保养，收集现有设备的异常点、不合理点、不完善点、困难点和改良点，将这些信息看作企业的情报资源加以收集整理，并对之进行分析对比，形成结果并加以反馈，这有助于生产中的灵活使用。

设备 KPI 战略化管理。在企业中，用于衡量设备战略化管理水平的指标有很多。例如设备完好率、可用率、综合效率，设备完全有效生产率、故障率，设备备件周转率、资金率，设备检修质量一次合格率、返修率等。企业应该将不同的 KPI 指标，用于衡量不同的管理方向，并以此形成设备战略化管理体系。

3.7　KTPM 信息化管理系统

随着工业信息化的加速发展，信息管理系统已经越来越多地被引入到企业管理中。KTPM 活动同样需要引入信息管理系统，以提高管理效率与改善管理效果。KTPM 信息管理系统包含人工智能维修辅助终端、人工智能维修监控看板、数字运维决策看板、维修绩效考核看板。

计算机信息化技术应用于生产与设备管理是大势所趋，尤其是在物联网、人工智能不断发展的今天，传统的单纯依靠人工进行管理的模式已经逐渐被淘汰。

引入 KTPM 信息化管理系统，能够通过物联网使厂长办公室、设备科、各车间办公室、各机台都互相连接，使企业的设备管理工作向现代化迈进，有利于将新技术、新工艺不断应用于设备改造和维修工作中。

如车间针对 3000 型机组原剔除部分设计得不合理，改用了电磁离合器剔除，使该部分维修简便、运行可靠，机组产量、质量均有显著提高。

3.7.1　人工智能维修辅助终端

人工智能维修辅助终端是 KTPM 信息化管理系统的第一个模块，它可以实现以下功能。

1. 实时化的人工智能故障在线监控

人工智能维修辅助终端可以实现实时在线监控的目的，一旦发生新故障，人工智能机器人将自动对故障现象进行识别并播报。智能终端会对重点设备的温度、湿度、转速、振动情况、开关情况等实时信息进行采集和分析，当工作条件出现异常时，可及时显示、报警。同时，系统还能动态展示所有生产线的实时性数据、异常性数据、计划性数据和展示性数据，并具备故障响应和维修超时人工智能预警提醒。

专业的人工智能维修辅助终端，还能够进行不同级别的报警处理。

（1）**事故报警**。包括非操作引起的断路器跳闸和保护装置动作信号。

（2）**普通报警**。包括一般设备状态变化、遥信状态异常信号、模拟量越复限、节点或链路状态、遥控操作、保护操作、电压合格率、VQC（Voltage Quality Control，电压无功控制）功能、小电流接地选线等方面的报警处理。

在进行报警后，信息化管理系统还能够自动将报警提醒及定位同步发送到设备上，并支持向指定人员手机发送报警信息，使员工能及时捕获到运行风险或潜在风险。

2. 二维码化的设备全生命周期管理

每一台设备都有一个专属的二维码，它是该设备的身份证，具有唯一身份标识的特点。操作员可以通过扫一扫，获知设备历史维修记录、备件更换记录、点检保养记录、隐患消缺记录、故障排查指导、设备资产台账等信息。

3. 移动化的运维工单管理

借助人工智能维修辅助终端，能够实现人工智能管理工作，避免产生遗忘、遗漏。例如，日检工单、周检工单、月检工单、预防维修工单到期自动下发，执行完成都可以自动循环，无须人工操作。同时，故障远程报修、移动派单、停机故障自动监控、完成维修等，也会自动统计分析结果，避免人工的低效与高错误率。

4. 智能化的维修经验分享

人工智能维修辅助终端还能够实现经验的分享，提高人工对于错误的认知水平和设备的操作水平。一旦发生新的故障报修，人工智能算法将自动对故障进行识别，自动输出系统学习到的类似故障维修经验和历史维修记录，将维修人员的知识经验转化成企业增值财富，大幅提高故障修复效率。

3.7.2 人工智能维修监控看板

KTPM 信息化管理系统已经实现人工智能维修监管，可视化、智能化成为突出特点。

1. 可视化的看板管理

所有工作可视化呈现，以数字形式直接说明状态，便于员工随时随地了解工作进度与效果。例如，当天、本周、本月点检保养情况、预防维修情况、故障维修情况，都会自动统计、分析和展示。即便操作员、管理层身处外地，也可以通过远程智能监控的方式，了解当前还有多少待办任务，并下达指令。

2. 智能化的备件管理

每一个产品通过二维码确认唯一身份，借助 APP 扫码即可出入库，精准掌握每台设备备件消耗情况，在线下达维修任务，实现库存移动查询、智能预警、智能请购。

KTPM 信息化管理系统还有一个突出的特点，即可以对在建工程、设备安装等进行三维建模，并把三维场景与计划、实际进度时间结合，用不同颜色表现每一阶段的安装建设过程，实现多设备的同步监控，提高管理效率。

3.7.3 数字运维决策看板

KTPM 信息化管理系统，会在企业厂房内建设智能数字化的运维决策看板，通过计算机屏幕展现各种信息。数字化运维具备高速运算、数据庞大的特点，能够精准展现企业的工厂地形地貌、建筑、车间结构、设施设备等信息，直观、真实、精确地展示各种设施、设备的形状，生产工艺的组织关系，设施、设备的分布和拓扑情况。

所以，KTPM 小组在电脑端即可了解生产工作的进度。数字运维体系能够将档案等基础数据绑定在一起，实现设备在三维场景中的快速定位与基础信息查询，这样员工就可以通过决策看板迅速发现问题，并通过数字运维管理模块快速接收指令，解决现场问题。解决方法还会被如实记录于数据库中，便于后期随时调取。

3.7.4　维修绩效考核看板

数字化的 KTPM 信息化管理系统，多数采用 GPRS（General Packet Radio Service，通用分组无线服务）+ 工业级 PDA（Personal Digital Assistant，掌上电脑）+RFID（Radio Frequency Identification，射频识别）技术方案，能够有效捕捉、记录企业开展 KTPM 活动的点滴细节，KTPM 活动的制定、分配、下发、接收、执行、考核等全部工作都可以远程控制、无线实时同步。

通过这种技术的应用，过程可视化、简捷化、规范化、智能化管理得以实现，系统将会不断收集和管理相应的数据，强化巡检计划的监控力度，并对每一名员工建立数据库，将相关信息有效汇总。管理员可以把握当前所有巡检员的状态，也可以选择任意一个在线巡检员查看其实时位置和巡检信息，还能查看任意一天或一段时间任一巡检员的历史轨迹，并可动态回放历史轨迹。

通过数据判断每一名员工的工作状态，由此进行绩效考核，使考核数据精准、透明、可追溯、责任到人，这样就能够大大提高员工的工作积极性，并进行可信的绩效考核。

3.7.5　KTPM 信息化管理系统的安全性

信息管理系统会给 KTPM 带来极大的便利，实现数字化、信息化的监控、决策、处理与分析,但是存在一定的风险。如果被黑客等不法分子窃入系统,不仅会给生产工作带来巨大的风险,还有可能导致企业内部核心信息泄露。所以,企业必须做好KTPM信息化管理系统的安全保护。

企业可为每位员工设置独立的账号和密码,账号权限可以细化到各个栏目、每项操作、操作范围等,甚至可以精确控制每个按钮的操作。

针对离职员工,可以冻结账号,还可将账号的相关工作转移给其他员工,并可随时冻结已激活的账号。每位员工登录系统后,系统自动根据权限匹配不同功能,每位员工看到的栏目各不相同,而且只能看到和自己相关的工作内容。

系统不仅将所有员工集成到一个系统进行管理,还让每位员工各司其职、权责分明,同时防止企业数据信息被泄露。

第 4 章
KTPM 设备专业保全

　　KTPM 设备专业保全，直接关系到企业体系架构的稳定，影响着产品的最终良品率。进行 KTPM 设备专业保全，需要开展如点检、保全体系建设等诸多工作，工作的完成情况是企业设备专业维护、生产维护、保养维护水平的衡量标准。

4.1 KTPM 设备专业保全相关知识

KTPM 设备专业保全是一门完整的综合学科，必须了解相关知识，才能找到应用的正确手段，提高设备管理效率。

4.1.1 TPM 八大支柱

TPM 的应用是依托于八大支柱展开的。这八大支柱涵盖全面管理八大课题，体现着 TPM 应用的全员、全业务、高效率。

TPM 八大支柱涵盖生产管理、设备管理、技术管理、业务管理、安全管理等多个维度，涉及企业研发、生产、销售等诸多领域。只有围绕八大支柱展开，TPM 活动才能有效推进。

4.1.2 KTPM 专业保全

通过对 KTPM 专业保全知识的学习，企业能掌握相应技巧、开展系列活动。

1. 专业保全体系

KTPM 专业保全体系分为 3 类：定期保全、预知保全与事后保全。图 4.1-1 所示为专业保全体系，相关活动围绕不同的保全方式进行。

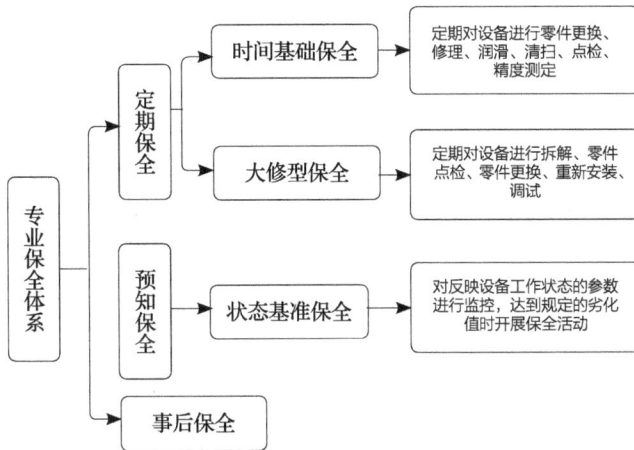

图 4.1-1　专业保全体系

2.　保全工作的核心内容

表 4.1-1 所示为保全工作的核心内容，说明了保全工作的要点、目的与措施，是企业开展设备专业保全工作的重要参考与指导依据。

表 4.1-1　保全工作的核心内容

序号	内容	目的	要点	措施
1	自主保全	①学习与设备相关的基本知识，能正确地操作设备，减少故障和不良的发生； ②掌握点检技能，能早期发现并防止异常，避免故障和不良的发生； ③提高对设备异常的发现、修复和改善的能力，追求设备的使用极限	①以人为本，强调自主管理意识； ②学习掌握设备基础知识及技能	①组建 TPM 小组； ②开展 3S； ③制定小组等级评定、停机、自主维修率的目标； ④掌握发生源及困难点的对策； ⑤制定并实施点检、保养的基准； ⑥实现目视化管理

续表

序号	内容	目的	要点	措施
2	专业保全	① 构筑预防保全体制； ② 提高专业保全人员的能力； ③ 提高对设备异常的发现、修复和改善的能力，追求设备的使用极限	① 建立完整的设备运行记录； ② 强化计划保全体系	① 参加 TPM 小组活动； ② 构筑备件管理体系； ③ 构筑精益的设备管理体制； ④ 推进计划保全、改良保全和保全预防活动； ⑤ 开展计划检修，排除设备故障； ⑥ 制定检修完成率目标并进行跟踪； ⑦ 制定检修满意度目标并进行跟踪
3	前期管理	① 合理支出设备的设置费用； ② 降低设备使用阶段的维持费用； ③ 提高企业的生产效率和竞争力	① 对前期管理进行有效的控制； ② 对设备生命周期的相关费用进行评价； ③ 对设备投资决策的经济性进行评价； ④ 经济适用、技术先进、合理配套	① 把设备生命周期的各个阶段看作是一个相互联系的有机整体，从取得最佳整体效益的角度来做好设备生命周期各阶段的管理工作； ② 参与设备选型、验收、安装、调试； ③ 采用"二八法则"进行管理
4	个别改善	① 将所有与设备、人员相关的损耗、浪费"显现化"； ② 提高设备综合效率及劳动生产率； ③ 培养具备精益思想的员工	① 明确什么是浪费； ② 演习现场改善的方法	① 创建高效率的生产线； ② 建立物与信息流程图； ③ 查找浪费并消除； ④ 确立设备的基准值； ⑤ 明确质量标准并由领导带头遵守
5	教育训练	① 建立人才育成的培训体系； ② 培养懂管理、懂设备、能保证产品质量的人才	① 尽量让更多的人参与； ② 活动多样化	① 全员 TPM 理论培训； ② 操作员点检培训； ③ 上线机电技工培训； ④ 机电技工培训； ⑤ 启动"全员改善提案活动"； ⑥ 推进 TPM 文化建设； ⑦ 建立 TPM 技能训练场； ⑧ 建立并完善教育培训体系
6	品质保全	① 创建能确保制造质量稳定的生产线； ② 构筑不产生不良品的质保体系； ③ 培养能控制质量的人才	① 树立正确的品管意识； ② 确定极限样件	① 积极采用防呆防错的措施； ② 积极推行"三不"质量方针； ③ 向设备的慢性不良进行挑战； ④ 合格品的条件管理； ⑤ 不断地进行源流保证的研究

续表

序号	内容	目的	要点	措施
7	间接部门效率化	① 构筑间接部门业务改善体系； ② 缩短各种业务的运行周期； ③ 创建整洁、干净的办公环境	① 明确事务工作的改善方向； ② 研究事务工作的各种浪费形式	① 明确事务工作的改善内容； ② 梳理业务内容和管理流程； ③ 削减低效、重叠的部门和岗位； ④ 建立并完善教育培训体系
8	安全与卫生	① 创建整洁、安全、干净的工作环境； ② 致力于构建值得社会信赖的企业	① 切实执行安全和环保的国际标准； ② 提高全员对环境改善的思想水平	① 建立"安全巡视"机制； ② 在 3S 基础上，继续深入开展环境改善的活动

3. KTPM 专业保全的标准

对于 KTPM 专业保全工作，企业应设定相应标准，只有活动达到标准，才能保证 KTPM 专业保全工作的顺利推进。

（1）**保全作业的标准**。维护作业标准由维护小组作业人员根据点检人员的委托任务内容确认。在完全熟悉设备性能结构的前提下，进行维护作业标准的编制，经点检人员确认交作业长审查批准后，由小组作业人员执行，并在数次作业后，根据实绩记录进行修改，形成完整的标准工时表。

（2）**点检作业的标准**。点检作业的标准由点检人员根据点检对象设备的点检部位、内容、要求、方法以及环节的条件进行编制，并由点检负责人审查批准，然后由专职点检人员按此进行点检作业，在作业中做好实绩记录，在半年至一年的实绩记录的基础上逐步完善。

（3）**检修作业的标准**。检修作业的标准由检修作业班组在接受点检人员的委托后，在完全熟悉此作业项目内容及设备性能结构的前提下进行编制，并由点检人员确认后由检修负责人审查批准。在作业中做好实绩记录，每次修改完善后，形成标准化的作业资料，从而形成完善的标准。

4. 预防保全

预防保全是 KTPM 专业保全的重点内容，预防保全是为了在设备生产能力下降或损耗发生之前，对依据已知额定值计算出的实际参数进行监测，分析并解决即将出现的设备问题。只要设备需要便对其进行维修保养，不必等它损坏后再进行维修。预防保全又分为前期管理保全与后期管理保全。前期管理保全的重点是设备的技术性和控制架构；后期管理保全则关注人员、流程和服务，以延长设备的使用时间、减少停机概率。

例如，企业有一款热交换器，如果按照过去出现故障后才维修的方法进行保全，就必需停机进行维修，会造成成本浪费。而如果进行预防保全，则能提前进行计划，可利用历史记录进行预测。当热交换器被彻底堵塞时，清洗需要花 16 个小时，再加上劳动力和备件的使用，这个过程每小时花费 100 元，总费用为每次 1 600 元；如果系统每年故障 6 次，总费用将是 9 600 元。如果借助 TPM 预防保全，可以确定每 2 个月出现 1 次故障，清洗定为每月 1 次，清洗 1 次仅需 2 个小时，加上劳动力、材料，仍以每小时 100 元的标准计算，现在费用变成每次 200 元，那么每年就是 2 400 元。前后两者对比，可以看出维修费用明显降低。

预防保全是先进的管理思维，通过建立设备保全管理体系，对设备进行点检保养、故障分析、模式预测等，能够预测设备存在的风险与故障，通过对各类数据信息的分析，制定适当的对策，提高设备的可靠度、减少故障的发生概率或缩短修理时间。通过预防保全，可以找到设备管理的最经济手段和保养的最低成本，避免在定期保养阶段造成过度保养的浪费。

（1）建设预防保全体系的 3 个要点。

建设预防保全体系，需要从 3 个维度入手。

①训练设备操作员掌握必需的技能。要求设备操作员具备发现异常的能力、正确处理异常的能力、制定保全基准的能力，并严格遵守标准作业的原则，建立积极与专业保全人员配合的意识。

②提高专业保全对现场的保障能力，包括接到反馈后及时响应的意识、

分工严密、保全计划的制定、个人技能的提升。

③加强对设备保全的评价能力。

（2）预防保全的工作内容。

预防保全的重点工作内容，主要包括以下几类。

①编制、修订点检作业标准、保全作业标准。

②进行点检作业。

③对操作人员进行自主保全业务指导。

④收集设备状态情报，做好保全记录，建立设备保全档案，并进行针对性的管理、保全和点检。

⑤编制保全计划、保全用料计划和保全费用预算，做好检修工程的管理工作。

⑥规范管理保全备件。

⑦进行故障分析处理，提出修复、预防措施。

⑧分析和评价保全效果，提出改进管理、改进点检内容和标准、改进设备的建议。

（3）预防保全开展的不同步骤。

预防保全的工作涉及一般设备、特别设备与重点零件等，针对不同设备应采用不同的预防保全步骤实现管理的目标。表 4.1-2 所示为预防保全开展的不同步骤，确定不同目标的工作重点。

表 4.1-2　预防保全开展的不同步骤

步骤	从重点零件展开的预防保全	从特别设备展开的预防保全	从一般设备展开的预防保全
1	选定重点零件	现状与初始基准的比较和分析	3S
2	对当前的保全方法进行改善	改进和补充基本的设定条件	对污染源的难点开展对策研究
3	制定保全基准	以原有基本的设定条件规范保全行为	撰写清洁和润滑的基准

续表

步骤	从重点零件展开的预防保全	从特别设备展开的预防保全	从一般设备展开的预防保全
4	实施适当的对策，延长设备使用寿命		总点检
5	提高点检效率	实施彻底的目视化管理	自主点检
6	综合诊断，质量维修	减少功能低下型设备所导致的故障	建立 4S 管理体系
7	计划保全的稳定化	计划保全体系的彻底贯彻	自主维修的彻底贯彻

（4）如何成功推行预防保全。

要想成功推行预防保全工作，必须做好以下内容。

① 做好设备的前期管理。

② 建立设备生命周期内所有可以预测到的故障模式档案。

③ 对于设备可能出现的故障，不断完善修复措施。

④ 从单纯追求减少设备停机率向追求点检有效整改率、设备完好率、维修计划完成率转变，并使该内容占考核的 60%。

⑤ 从单纯考核维修工时向考核经济管理、有效管理转变，开展目标成本管理。

⑥ 制定详细的设备点检、维护计划。

⑦ 严格执行已制定的设备保全计划。

⑧ 不间断地对设备操作员／保全人员进行技能训练。

⑨ 加强设备保全的目视化管理和防呆防错控制。

（5）预防保全的关注重点。

预防保全的关注重点包含生产、质量、成本、安全、维修几个方面。表4.1-3 所示为预防保全关注重点，利用该表能找到企业生产的关键点，并确定设备保全的依据。

表 4.1-3　预防保全关注重点

影响方面	确定依据	
生产	发生故障后影响范围大的设备	关键工序的单一设备
	负荷高并对均衡生产影响大的设备	负荷高的生产专用设备
	故障频繁发生、经常影响生产的设备	
质量	质量关键工序无代用的设备	精加工的重要设备
	设备因素影响工序能力指数不稳定的设备	
成本	台时价值高的设备	消耗动能大的设备
	修理停机对产量 / 产值影响大的设备	
安全	出现故障后会严重影响人身安全的设备	对环境有严重影响的设备
维修	修理复杂程度大的设备	备件供应困难的设备
	易出故障且不好修理的设备	

（6）开展预防保全的 5 个步骤。

开展预防保全工作，应遵循以下 5 个步骤。

① 基本保全资料的收集。操作员和保全人员要对自己负责的设备做到心中有数，如螺丝什么时候紧固过、某元器件什么时候更换过、故障什么时候发生过等都要做好记录。要建立设备月度管理记录表、设备的保全基准及目视标识、设备故障数据库，在问题分析图上以帕累托法则揭示需要重点关注的问题。

② 实施保全问题的基本对策。组织保全人员和保全技术人员对各种记录进行分析，从而掌握维修周期，切实做到预防维修。真正利用预防性修理减少事后修理的时间与成本，尽可能少地影响生产。

③ 改善保全基准。通过分析收集的数据和在保全过程中发现的问题，再回头来修正保全基准和计划。

④ 延长设备的使用寿命。除日常的点检保养外，专业保全人员还要采用改良保全的方法对设备的问题部件进行重新改造，以延长设备的使用寿命、降低设备成本。

⑤ 建立保全制度。建立保全制度是将保全过程中采取的方法规范化，形成可操作的作业标准，其中包括设备的诊断方法、重点保全项目的选定方法、治具的使用方法，以提高设备保全点检的效率和质量。

4.2　设备专业保全推进步骤

开展设备专业保全推进活动，应按照相应步骤有序推进，完成一项内容后，再进入下一个环节。

4.2.1　设备评价与现状把握

首先，要对设备进行排查，进行设备评价与现状把握。设备是制造现场生产流程的基本构成单位，保证设备状态正常是开展生产工作的前提。

1．一类设备

一类设备是指经过运行试验，技术状况良好，能保证安全、经济、负荷的设备。这类设备是企业生产的主要设备。它主要有以下几个特点。

① 各种主要运行指标及参数能持续达到设计性能的要求或同类型设备的一般先进水平。

② 主要的自动装置能经常投入使用。

③ 附属设备技术状况及运行情况良好，能保证主要设备安全运行和产出。

④ 主要的标志、编号能满足生产上的需要。

⑤ 保护装置、信号及主要指示仪表、记录仪表等完整良好，工作正常。

⑥ 设备及周围环境清洁，"七漏"基本消除。

2．二类设备

二类设备是基本完好设备，虽个别部件有一般缺陷，但能经常安全运行，效率也能保持在一般水平。

3. 三类设备

三类设备是有重大缺陷的设备，不能保证安全运行，综合效率很低。

设备评价与现状把握，需要富有经验的维修人员进行。这种经验需要长时间的工作积累，很容易出现有经验的维修人员退休导致经验流失的情况，使设备管理处于一种信息割裂的状态。所以，日常工作中，企业应重点对维修人员进行专项培养，避免人才储备不足导致相关活动无法顺利开展。

进行 KTPM 专业保全时，操作方、维修方、点检方需要针对设备分别签订点检维护分工协议。三方分工协议是针对产线关键设备及状态受控点，以协议方式规范操作方、维修方、点检方三方职责，指明设备维护的内容、标准和主要绩效指标，实现三方对设备管控的办法。签订三方分工协议能明确每台设备关键点检部位的作业分工，避免因为责任划分不清导致专业保全工作无法推进。

4.2.2 劣化复原与弱点改善

对设备进行评价与现状把握后，要针对劣化与弱点现象进行改善。这需要专业保全人员制定详细的点检与保全标准，包括维修技术标准、给油脂标准、维修作业标准等。其中，维修技术标准是点检标准、给油标准和维修标准的基础，也是编制点检、给油、维修标准的依据。

维修技术的标准，涉及以下几个方面。

① 设备（装置）所更换零件的性能构造的简明示意图及使用材料等。

② 零件的维修特性，包括机件减损量的劣化倾向、特殊的变化状态及点检的方法和周期。

③ 主要更换件的维修管理值，包括零部件的装配图面尺寸、装配间隙、允许减损量的范围，以及测定的项目、内容、周期和使用标准等。

④ 零件应限制的项目内容，如温度、压力、流量、电压、振动值等。

相关标准确定后，就要根据对象存在的问题，制定详细的点检项目内容、周期、判定标准、分工方法等。例如，给油脂标准应明确给什么品种的油和脂、给油脂的方式、一次给的油脂量是多少、何时给油、谁来执行，这几个重点要素要精确到人，以便于推进专业保全的工作。

维修技术标准是劣化复原与弱点改善的关键，包括作业名称、作业方法、作业工艺顺序、作业项目、作业条件、技术条件、安全注意事项及工器具、作业人员、作业时间、总工时等。它是进行修复工作的说明与参考，应严格按照规定进行。

4.2.3　构筑情报管理体系

构筑情报管理体系，应做到内容翔实、完整，它是解决问题的前提。维修工作人员只有获得翔实的数据内容，才能进行有针对性的维修调整。图4.2-1所示为故障数据管理系统，用于规范信息情报的收集与管理，为维修工作带来便利。

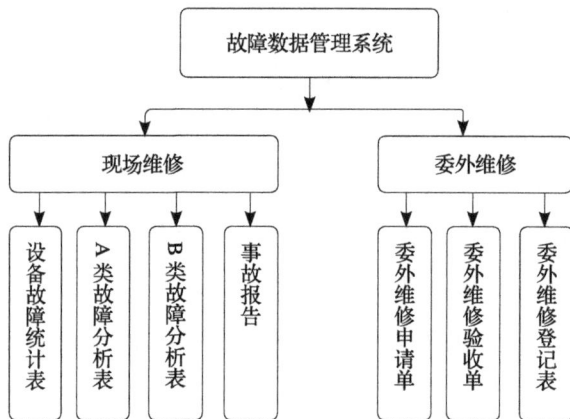

图 4.2-1　故障数据管理系统

1. 情报管理的基本要求

情报管理体系的基本要求，包括以下几点。

① 生产人员能自行处理的则自行处理，并填写报修单。

② 生产人员不能处理的，值班人员能处理的，告知需要处理的时间，并由值班人员处理，值班人员填写报修单。

③ 值班人员不能处理的，值班人员通知责任工程师，工程师到场后，告知需要处理的时间并进行处理，工程师填写报修单。

④ 工程师处理超过 4 个小时的，告知主任工程师，并确认后续处理措施。主任工程师确认是否需要向部门经理汇报，主任工程师填写报修单。

无论问题是否能够当天处理完成，都必须当天完成故障报修单的填写。如果当天开始进行维修，还需要将修复内容、时间如实填写在报修单上，如表 4.2-1 所示。设备出现故障的原因包括滚轮腐蚀、海绵内部有机物粘在滚轮上产生污迹、污迹对硅片有污染、硅片无法进行制绒工艺、有明显污迹存在等。随后工作人员应清晰说明当天的处理内容，负责人可以有效进行汇总。

表 4.2-1　报修单

修复时间	修复内容
2 月 14 日 9：00 ～ 18：00	拆下滚轮，清洗槽体，冲洗滚轮
2 月 15 日 ～ 2 月 17 日	使用硅片检测生产状况，有滚轮印在，拆下滚轮继续清洗
2 月 18 日 ～ 2 月 19 日	使用天那水清洗滚轮，用纯水浸泡槽体
2 月 20 日 ～ 2 月 23 日	使用天那水清洗滚轮，用碱液浸泡槽体
2 月 24 日 ～ 2 月 25 日	使用天那水清洗槽体，用碱液清洗滚轮

2. 情报档案的管理

KTPM 设备专业保全工作的情报管理，不仅包括工作之中的情报，还包括工作结束后的档案情报。KTPM 小组同样应做好这方面的管理工作，为企业积累有效的经验数据，使未来的工作顺利开展。

（1）设备档案的收集工作。

① 做好设备使用、维护、检修阶段的档案收集工作。该阶段形成的设备文件材料有设备使用记录、维修记录、技术改造记录等。

②做好设备报废处理阶段的档案收集工作。凡列入固定资产的设备，必须经有关部门批准后才能报废。该阶段形成的设备材料有设备报废申请表、设备报废鉴定与审批材料、设备报废处理移交单等。

（2）设备档案的整理工作。

①对档案进行科学分类，要符合本单位的生产流程、工作性质与工作特点。简单地、机械地搬用其他单位的现成分类方法是不适宜的。

②档案要规律摆放，便于后期查阅，如设备管理工作计划、总结、指标考核文件、设备转让文件、固定资产折旧管理文件以及其他综合性文件材料，应列入设备组卷。设备维修中形成的文件材料单独组卷，外购设备中形成的随机文件材料也可以单独组卷。

（3）设备档案的鉴定工作。

档案信息管理人员应对档案进行甄别，挑选有价值的档案继续保存，无须保存的重复档案、错误档案应及时销毁。设备档案的价值在于能客观地、具体地反映某一历史阶段生产工作的特点，根据档案可以快速了解设备、员工的状态，为未来的生产计划提供数据支持。

（4）设备档案的保管工作。

应用计算机信息技术进行档案管理的企业，应按照 TPM 软件的要求，对电子档案进行归类保存。如果是传统档案架的保存方式，企业应本着自左至右、自上至下的原则，整齐系统地将档案摆放在库房内，同时完善档案保管制度，例如安全管理制度、档案借阅制度、保密制度等。

（5）注意规避档案情报管理的漏洞。

进行档案情报管理时，企业还要注意以下漏洞。

①设备档案管理信息化推进难。部分企业依然采用传统人工档案的管理模式，这种模式存在效率低、无法充分利用信息等弊端，同时伴随有较高的人工失误的风险。如果档案管理员岗位变动、离职，还会导致出现交接不清、资料遗失的情况。所以，企业应逐步引入信息化管理系统，并对相关工作人员进行培训，推进档案管理的信息化。

②信息填写、保存不规范，使档案无法给未来工作带来帮助。部分企业对于档案的填写规范要求不足，如会出现字体过于潦草、错别字过多等情况，导致未来档案无法有效使用。同时，部分企业还存在不注意设备资料的整理和保存的现象，导致后期维修人员对设备进行维护时难以查询资料，也难以为新设备引进的可行性寻找佐证。

为了避免信息填写、保存不规范导致档案无法使用，企业应按照以下内容，规范档案信息的填写、保存。

档案要求内容齐全、规范、统一，应按时填写。有历史情况应建立基础资料目录登记册，以便于查找。

有关总结、文件、报表等文字材料，要求文字精练、概括，书写工整、美观。

一律用黑色签字笔工整书写，数据和编号采用阿拉伯数字。

技术档案中的图纸，要求按国家标准复制，做"手风琴箱式"折叠，正面向外，标题栏角露在下角；照片要附有编号，并写清说明。

原始检修交工文件，要装订整齐，按顺序排列编号，保存于设备技术档案内。

各类资料要求逐页编号。凡未铅印编号的在右上角用阿拉伯数字书写编号。

各种档案的内容、数据与说明要完整、准确、真实、系统、精练。

按时填写、归档，保持成套性。

排列合理，以方便使用。

③档案归档仅仅只是形式主义。部分企业即便使用信息化管理技术实现档案快捷管理，但由于一线巡检人员处于流动状态，部门领导很难对巡检员记录的档案进行实时监督，导致巡检员在记录时易流于形式，出现资料与事实不符、资料不完整的情况。

④ 档案信息形成数据孤岛，无法进行有效传递。部分企业存在多套管理系统，各个系统之间存在数据无法对接的情况，导致档案信息利用率极低。这同样是企业应当注意的。

4.2.4　构筑定期保全体系

构筑定期保全体系，让进行设备专业保全成为习惯，能够有效避免设备反复出现问题导致的停工停产。图 4.2-2 所示为定期保全体系，对保全体系的 4 个维度进行了规划。

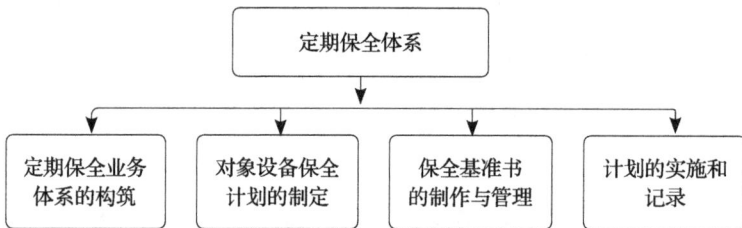

```
                    ┌──────────────┐
                    │   定期保全体系   │
                    └──────────────┘
         ┌──────────┬──────┴──────┬──────────┐
  ┌──────────┐ ┌──────────┐ ┌──────────┐ ┌──────────┐
  │ 定期保全业务 │ │ 对象设备保全 │ │ 保全基准书  │ │ 计划的实施和 │
  │ 体系的构筑  │ │ 计划的制定  │ │ 的制作与管理 │ │ 记录     │
  └──────────┘ └──────────┘ └──────────┘ └──────────┘
```

图 4.2-2　定期保全体系

制定定期保全体系、制作基准书并安排专人进行管理、实施与记录计划，是定期保全的流程，最终实现三级保养的目的，构筑日常保养（自主保全）、一级保养（自主保全）、二级保养（专业保全）体系。

同时，KTPM 小组还要编制专业保全指导书，将定期保全体系落实到人、具体目的与具体时间，做到所有工作可追溯。表 4.2-2 所示为专业保全指导书的编制要求，企业应如实填写相应内容，并由专人保管。

表 4.2-2　专业保全指导书的编制要求

目的（Why）	确定设备所有需要进行保全（点检、测定、润滑、更换、清扫）的项目及保全标准
人员（Who）	设备工程师、专业保全小组相关成员
编制内容（What）	明确设备需要保全的部位、项目、要领、标准、周期、担当部门等内容
基准来源（Where）	先期准备的设备图纸资料、保全经验和设备厂家经验

续表

编制时间（When）	从设备的安装调试阶段开始，到试生产前结束
做法（How）	将收集的设备资料和维修经验相结合，确定所有检查项目
要点（Emphases）	①尽可能列出设备所有需要维修检查的项目； ②不要怕周期、项目不准确，可以在今后不断完善

专业保全指导书中，有 3 点内容是必须明确到位的。

时间到位：至少坚持每班半小时的例保、每周 4 小时的周保和每月 8 小时的月保工作。

人员到位：设备保养期间要求机台人员、技术员、维修人员和职能部门（设备科）组织的检查人员全部到位。

项目到位：制定例保、周保、月保的详细项目、内容和要求，保养人员按项目和内容逐项进行保养，经车间和厂里的两级检查，不合格的按返工处理；保养较差的车间和机台，在厂里调度会上通报批评，并扣罚相应的奖金，逐步使员工养成良好的设备保养习惯。

针对重点设备、零件，企业还应制定更为详细的定期保全计划书，对重点设备与零件明确规定保全的方法、周期，并实行责任到岗，确保定期保全工作的顺利开展。

定期保全机制是很多企业所缺乏的。这类企业对设备的维护保养效率基本处于未管理的状态，仅仅只是制定一个总保养时间，就将其当作是定期保全，实际无法达到预期的效果。例如，一些企业制定了周保 4 小时，月保 8 小时，或者一级保养几小时、二级保养几小时、三级保养几小时等机制，但是并没有落实保全的具体细节与内容，只是很粗略地进行管理。

要想做好定期保全，就必须制定保全作业指导书，明确说明例行保养作业的步骤和要点，做到详细、完整、责任到人。企业可以学习博世（BOSCH）的做法，博世连保养过程中的在设备周围的行走路线都进行了明确的标识。另外，企业还需要明确每一个步骤的时间。这一点对绝大多数的企业来说是很难做到的，因为这需要企业具备相当深厚的管理基础。在明确了保养的步骤、顺序和时间后，对每一次的保养作业，都需要记录实际的保养开始时间、保养结束时间，以便日后进行统计分析和提高设备管理效率。

4.2.5　构筑预知保全体系

构筑预知保全体系的目的是把专业保全指导书的内容，按照一定的规律分配到月度计划中，保证保全体系可以定期有效展开，以预知可能存在的风险，提前制定应对方案。

根据完善的计划开展预知保全工作，能够有效发现设备存在的隐患，提前进行有针对性的处理。

4.3　专业保全的 3 个原则

开展专业保全工作，需要遵循 3 个原则，以保证专业保全的准确性与前瞻性。

4.3.1　制定计划要有针对性

每项维修活动都要有明确的对象、标准和要达到的目标，即针对设备实际问题点开展活动。在活动开展前，必须制定详细的计划书，将目标、人员规划详细，杜绝计划模糊就开展行动。

保全人员在开展工作时，要仔细分析待保全的设备的特征，在保证能够完成任务的情况下，采用先进的检测仪器来对设备进行监测和故障诊断，结合日常维护台账对潜在故障实施逐一排查，并与计划维修、定修有效融合，确保找出设备的隐患点，更好地满足企业生产需求。

4.3.2　查清问题根源，根治隐患

结合故障分析活动，从中找到问题产生的真正原因、变化规律和防止其再发生的方法。再结合随机故障维修和有针对性的修理计划，彻底根除问题，并防止问题再发生。

专业保全活动应避免"头痛医头，脚痛医脚"，避免只对发生的现象进行维护、保养，否则类似的问题还会频繁出现。保全人员必须通过建立设备点检定修制度并在后续工作中不断完善，来及时发现设备隐患并进行分析处理。如果后期生产活动中再次出现同类问题，保全人员应当做出解释，并将结果纳入考核体系。

4.3.3　专业维修必须体现预防性

结合自主维修、专业点检、故障分析活动等提供的信息，专业维修应尽量在问题没有真正形成时解决问题，把设备隐患消灭在萌芽中，避免形成故障。

事后维修已经造成了即定的损失，包括停工造成的损失、较高的恢复成本、较多的人工时间等，是浪费最多的维修形式。因此企业必须提高修理计划的预防性，最大限度地降低事后维修发生的可能性。要想体现预防性，保全人员除了应日常把握故障情况外，还应按月汇集故障补缀单和维修记录。通过对故障数据的统计、整理和分析，计算出各类设备的故障频率、平均故障间隔时间，分析单台设备的故障动态和重点故障发生的原因，找出故障的发生规律，以便采取重点对策。将故障信息整理分析资料反馈到计划部门，以便安排设备补缀或制定改善计划，还可以将这些资料作为修改定期搜检间隔期、搜检内容和搜检标准的依据。

4.4 如何开展 KTPM 设备专业点检

点检是设备维修工作的一项重要措施和方法。开展设备点检，第一步要做好内容规划。表 4.4-1 所示为设备点检清单，应如实填写。

表 4.4-1 设备点检清单

项目	内容	备注
设备名称		
部位简图		
零件名称		
材质		
维修标准（原特性值、部件间隙、劣化倾向最低限值）		
点检方法		
点检周期		
更换或修理周期		
检修方面的特别事项		

4.4.1 点检人员的基本要求

点检工作需要由专业人员负责。点检人员能力的高低，直接决定了点检工作是否能够达到效果。所以，点检人员必须达到相应的素质要求与技能要求。点检员分为岗位点检员与专业点检员，岗位点检员是设备的操作员，是开展设备点检的关键；专业点检员是进行专业点检的人员，二者构成点检人员体系。

点检员的任务包括对其管区设备负全权责任；严格按标准进行点检；制定和修订点检计划；制定检修计划，做好检修工程管理；制定材料计划及维修费用预算要求；以最低费用实现设备预防维修，保证设备正常运转，提高设备利用率。点检员是分层次设置的，通常高级点检员占 20%，一般点检员占 60%，助理点检员占 20%。

1. 对岗位点检员的具体要求

岗位点检员需要具备以下能力。

①熟悉给油脂标准，并能根据给油脂标准的分工原则制定月润滑作业表，并且将给油情况记入此表。

②熟悉点检标准，根据点检标准制定周点检作业卡，并且把点检结果记入此卡。

③具有维护、保养、检查设备的基本技能，包括正确紧固螺丝、合理加润滑油、简单调整更换零件、排除简单故障等。

④熟悉设备结构原理和工艺操作程序，能做到正确使用、合理操作设备、具有主人翁责任感和自主管理的工作素质。

⑤具备定期分析的能力。岗位点检员要做到每月分析一次点检记录，对于重点设备要每一个定修周期分析一次。每个季度要进行一次检查记录和处理记录的汇总整理，并且存档备查。每年进行一次总结，为定修、改造、修正点检工作量等提供依据。

2. 对专业点检员的具体要求

专业点检员需要具备以下能力。

①接受上级领导的工作安排，认真负责设备的全过程管理，做到事无巨细，尤其对专业的技术管理工作具有过硬的能力，并能够撰写设备点检工作计划书和技术改造项目书。

②专业点检员应具备预防维修的基础知识，熟悉本点检区设备的有关技术图纸、资料，制定点检标准，确定进行倾向自主管理的项目，并且结合精密点检或简易诊断技术的实施，对主要磨损零件进行定量化管理。例如，按照点检计划，利用手持点检器、专用检查诊断仪器，定时到现场进行所列项目的数据采集、记录、保存、分析，结合点检管理系统、D7i 系统、MIS（Management Information System，管理信息系统），实施点检作业，实

现点检定修目标。

设备技术诊断主要包括以下几个重点。

电气检测： 绝缘、介质损耗等。
温度检测： 点温、热图像等。
机械检测： 振动、噪声、声发射等。
油质检测： 污染、黏度、铁谱分析、红外油质分析等。

③ 具备制定、修订专业设备检修标准的能力，包括设备检修技术标准、检修作业标准、点检标准、给油脂标准。

④ 具备全面的业务管理能力，可以独立制定各种计划，包括维修工程计划、维修备件材料计划、维修费用计划以及点检业务的各种计划。同时，还能有效把握活动的推进进度，做好原始信息记录、信息传递、实际数据整理和分析，不断提高设备点检定修的管理水平。

⑤ 能够根据设备系统的状态，及时制定检修工单并按流程下发；根据工单和实际检修作业开工进度，及时进行检修的质量验收。

⑥ 具备制定专业试验标准、备品配件定额、检修工时定额、检修台账及技术档案的能力。

⑦ 能够合理处理业务关系，有效协调点检、生产、检修。点检结束后，可以协调接下来的工作，并做到定期巡视和指导。

⑧ 具备专业物资储备定额及费用汇总管理的能力，能够按照企业要求，制定专业设备检修、工程项目和备品备件的物资需求计划、技术协议和标准要求。

⑨ 具备完善专业设备技术台账的能力，做好设备检修后各类技术资料的汇总、归档工作。

⑩ 可以进行要求更高的工作。例如，更改一般项目的组织措施、技术措施和安全措施，制定专业特殊、重大检修项目的技术方案。

⑪ 能够加入故障紧急处理小组，做好障碍、异常分析，参与制定各种故障情况下的预案措施并组织实施。

⑫ 要有高度的责任心，严于律己、勤奋工作，对点检工作精益求精并敢于负责；要有自信心，树立实行点检制度的强烈意识，积极推进全员维修管理，能克服困难；要有进取心和创新精神，敢于实践，大胆创新。

4.4.2 点检部位

进行设备专业点检前，首先需要确定哪些部位是重点需要点检的部位，并确定设备关键部位与薄弱环节。在确定需要点检的部位时应注意以下内容。

1. 机械部件

主要包括旋转部件、液压部件、传动部件，这些部件容易因磨损、润滑不良等原因造成劣化而发生故障，如轴承、传动等部位。

此外，连接部件、受力部件、高强度接触部件，以及易受腐蚀部件等也需要特别关注。这些部件容易因松动、变形、腐蚀等原因造成劣化而发生故障，如紧固连接螺栓、机械限位、密封件等部位。

2. 电气线路部件

主要包括接线点、绝缘件、检测联锁元件等。这些部件关联电气，一旦劣化会造成严重后果，如设备打火、线路短路、线路燃烧等。

3. 仪器仪表

主要包括仪表元件的劣化及损坏，其造成的后果主要为破损、进水等。

4. 其他部件

如设备先天缺陷、长期使用形成的性能逐渐劣化等部件。

4.4.3 点检种类

点检包括日常点检、定期点检、精密点检 3 类，根据对象的不同，每一种点检的周期与内容也不同。表 4.4-2 所示为点检种类，企业应根据不同类型的点检进行与之对应的检查，以提高点检效率。

表 4.4-2　点检种类

种类	对象	周期	目的	检查内容	点检手段	所需时间	实施部门	执行人
日常点检	所有设备	每日	保证设备每日运转正常，不发生故障	异音、泄漏、振动、温度、加油、清扫、调整（开机检查）	五感	5~10分钟	使用部门	操作人员
定期点检	重点设备及 PM 对象	定期 1 个月以上	保证设备达到规定的性能	测定设备劣化程度，确定设备性能，调整修理（停机检查）	五感和器具	2~3个月	保全部门	保全人员
精密点检	不定	不定期	保证设备达到规定的性能和精度	对问题进行深入的调查、分析	特殊仪器诊断	2~6个月	保全部门	专业技术人员

4.4.4　点检内容

确定点检部位、点检种类后，接下来需要根据点检部位确定点检内容。点检部位并非独立内容，而是可能有一项或多项点检内容。对于点检内容，需在确定点检部位后，对该部位进行各种可能性的劣化分析。

例如，点检部位确定为传动部位，点检内容就应侧重为检查该部位有无异物、运行时有无异响、润滑是否良好、有无振动、有无松动、间隙是否合理等。每一个点检部位都有不同的点检内容，需要根据点检设备的特点确认。

点检内容会因为点检部位的复杂程度产生变化，部分内容只需要利用简单手段不需要特定的专业知识就可以进行点检，有些内容要求将点检内容分为工艺人员点检内容和维修人员专业点检内容。需要维修人员进行的点检，主要是依靠维修人员的感官对设备进行检查，如检查设备的振动、异响、泄漏、异味、松动等异常及通过目视化等工具检查异常问题，还包括使用简单工具进行调整、紧固、清扫等方面的工作，其中大部分工作由工艺人员完成。

对于复杂程度较高的点检部位，必要时还需要依靠检测仪器完成点检，如检查该部位的磨损程度、间隙大小、温度情况、压力、流量等方面的指标。

此类专业点检，通常由专业点检人员完成。

点检人员还要了解点检过程中的两个重要参数。

1. 精度

精度是影响设备性能和产品质量的指标。精度点包括间隙值、振动值、温度、噪声值以及其他有定量标准的数据。每一个精度点的数值都不是一个绝对值，而是一个精度带，如理想值、允许值、警戒值、劣化值和劣化极限。超过允许值就叫作劣化值（不能超过警戒值）。精度超过警戒值就必须进行修复。精度点的检测是比较复杂的，有些设备是整体精度决定产品质量和设备性能。因此精度检测必须系统、全面地进行，一般一年或半年以上检测一次，做出综合评价，发现问题并及时采取措施加以解决。

2. 性能

性能是对设备所要求的精度、压力、温度、振动程度、噪声、生产能力和安全性等方面的评价指标。

无论是由一般操作员进行的点检还是由专业维修人员进行的点检，在点检时都必须建立这样的思维：清扫就是点检。将点检工作贯彻于每一天的日常工作中，将有效提高设备安全系数，提前发现风险、解决问题。

（1）点检的十大内容。

进行点检时，十大内容是重点，需要特别关注。

① **压力**。检查设备压力是否正常。

② **温度**。检查温度是否达到标准。

③ **流量**。检查设备流量是否正常。

④ **泄漏**。检查设备是否出现泄漏情况。

⑤ **给油脂状况**。检查设备给油脂状况是否合理。

⑥ **异音**。检查设备是否出现异常运行声音。

⑦ **振动**。检查设备是否出现异常振动。

⑧ **龟裂**。检查设备表面是否出现裂痕。

⑨ **磨损**。检查设备内部，如轴承、阀门等是否存在磨损。

⑩ **松弛**。检查设备连接轴等是否出现松弛。

（2）点检时的相关技术文件与重点。

在进行点检时，维修人员需要提供 3 个技术文件，即指导设备安装的设备安装要领书、指导设备操作使用的设备使用说明书、指导设备点检的设备维修作业标准。

4.4.5　点检流程、注意事项、原则

点检工作根据流程与类型的不同，具有多种方法，企业应按照自身的实际情况开展点检工作。

1.　以步骤分类的点检流程

点检工作应按照 3 个步骤进行，每一个步骤都不能缺少。

（1）**作业前点检**。在每次启动设备之前，确认此设备是否具备开机条件，并将所有的关键部位检查一遍，以降低故障发生的概率。

（2）**作业中点检**。在设备运行的过程中，确认设备的运行状态、参数是否正常，如果出现异常应该立即排除故障或停机检修。对小问题的忽视，往往会导致大问题的发生，进而导致故障。

（3）**作业后点检**。在一个生产周期结束后进行停机，然后定期对设备进行点检和保养，为下一次开机做好准备。保养得好的设备，使用寿命往往可以延长几倍。

2.　点检的注意事项

点检方法就是确定所执行的点检内容所需的条件，是人工观察、工具测量，还是使用普通仪器、精密仪器；是设备处于运行状态，还是处于停机状态；或是要对设备进行拆卸等。进行点检时，需要注意以下两点。

① 企业所制定的点检基准卡包括点检要领、设备状态、使用工具等内容，并应确定点检方法。

② 点检时所遵循的原则就是要具有可操作性，例如对螺栓松动的检查，最好在紧固状态下做好标记，这样在点检时以标识线是否偏离来进行目视点检就有很强的操作性。

3. 点检的"五定"原则与操作细则

点检工作会针对不同设备的不同结构分别开展，企业需要详细了解设备的特点，规划点检位置、点检项目、点检周期、点检方法、点检分工及判定基准，做到定点、定法、定标、定期、定人。

（1）五定原则。

① 定点：要详细设定设备应检查的部位、项目及内容，做到有目的、有方向地实施点检作业。

② 定法：对检查项目制定明确的检查方法，可采用"五感"进行判别，或借助简单的工具、仪器进行判别。

③ 定标：即制定标准，作为衡量和判别检查部位是否正常的依据。

④ 定期：即制定点检周期，按设备的重要程度、检查部位是否是重点部位等制定。

⑤ 定人：即确定点检项目的实施人员（专业技术人员、岗位点检员、专业点检员等）。

"五定"原则是点检工作开展的重点。结合生产实际情况，我们可以看到"五定"原则在点检工作中的具体应用。

以设备润滑为例。设备润滑管理是企业进行设备保养管理的一项重要内容，企业必须关注设备润滑的具体工作内容，这对于充分发挥设备效能、减少设备事故和故障、提高企业经济效益都有非常重要的意义。

设备润滑"五定"原则的定点，是指确定每台设备的润滑部位和润滑点，保持其清洁与完好无损，实施定点给油。定点的具体工作包括对设备的润滑部位和润滑点进行标识；参与润滑工作的操作员工、保养员工必须熟悉有关设备的润滑部位和润滑点；润滑加油时，要按标识的润滑部位和润滑点加换润滑油。

设备润滑的定法，是指润滑油品符合标准，用规定的润滑油进行加油。此项工作的细节包括按照润滑卡片和图表规定的润滑油种类和牌号加换润滑油；加换润滑油的器具必须清洁，不能被污染，以免污染设备内部润滑部位等。

设备润滑的定标，是指在保证良好润滑的基础上，实行日常耗油量定额和定量换油。要保证设备油量最好能够可视化，以便于清楚地知道加油量是否合适；日常加油点要按照加油定额数量或显示的数量限度进行加油，不能过多，也不能过少，既要做到保证润滑，又要避免浪费。

设备润滑的定期，是指按照规定的周期进行润滑油的添加。对于设备的加油、换油要按规定时间进行检查和补充，按润滑卡片的计划进行加油、换油。对于大型油池，要按规定的检验周期进行取样检验；对于关键设备或关键部位，要按规定的监测周期对油液进行取样分析。

设备润滑的定人，是指明确哪些员工负责对设备进行加油，哪些员工负责对工作进行检查，哪些员工负责清洗换油。指定的保养人员应按计划对设备油池进行清洗换油；对机器轴承部位的润滑进行定期检查，及时更换润滑油脂。

（2）制定点检计划表。

在"五定"原则的基础上，制定详细的点检计划表，做到工作量均衡，避免点检项目的遗漏。同时，还需制定由操作人员执行的点检计划表，要求操作人员按计划认真执行。

（3）制定点检路线。

点检员负责的区域较大、内容较多，应当提前规划实施点检时的路线，以节约花费在途中的时间。

（4）制定点检检查表。

制定点检检查表，记录点检结果，为制定维修计划提供数据支持。

（5）制定设备点检计划。

所有设备各部位的点检项目列出点检周期后，必须经过汇总和综合平衡，制定出每天工作量都比较均衡的点检计划。

4. 日常点检、定期点检、精密点检

日常点检、定期点检、精密点检是点检的主要手段。日常点检是按设备的部位、内容进行的粗略巡视，以观察系统的正常运行状态。这种方法实际上是一种不定量的运行管理，对分散布置的设备比较合适。定期点检则是全面掌握设备的各种状况，揭示其状态变化的一般规律和特殊规律，及时发现设备隐患，实现预知性检修。精密点检则是最高级别的点检。做好这 3 项点检工作，能够改善点检的效果，形成点检日常化与长期化。

（1）日常点检。

日常点检是指作业周期在一个月以内的点检。它的目的是及时发现设备异常，防患于未然，保证设备正常运转。

日常点检工作主要由操作人员根据规定的标准，以感官为主或借助工具仪器，每日一次或数次对设备的关键部位进行技术状态检查和监视，了解设备在运行中的声音、动作、振动、温度、压力等是否正常，进行必要的简单维护和调整，并记录在设备日常点检表中。操作人员进行日常点检，可发现异常、排除小故障、进行小维修。这是防止设备发生故障的第一层防护线。

日常点检工作的主要内容如下。

① 设备点检：依靠五感进行检查。

② 清扫：工作台及设备的清扫。

③ 给油脂：给油装置的补油和给油部位的加油。

④ 紧固、调整：弹簧、皮带、螺栓、制动器及限位器等的紧固和调整。

⑤ 小修理：小零件的修理和更换。

⑥ 排水：集汽包、储气罐等的排水。

⑦ 记录：对点检内容及检查结果进行记录。

（2）定期点检。

定期点检是指作业周期在一个月以上的点检，也称计划检点。它的目的

是确定设备的缺陷和隐患，定期掌握设备的劣化状态，为进行精度调整和安排修理提供依据，使设备保持规定的性能。

定期点检由设备专业人员凭感官和专用检测工具，定期对设备的技术状态进行全面检查和测定。除包括日常点检的工作内容外，定期点检主要是测定设备的劣化程度、精度和功能参数，查明异常原因，记录下次检修时应消除的缺陷。定期点检会对重点设备、重要部位进行重复的、详细的点检，并协同检修方进行以测定劣化程度为主要目的的循环、滚动维修，以及时排除故障。这是防止设备发生故障的第二层防护线。

（3）精密点检。

在日常点检和定期点检的基础上，企业还应开展更高级别的精密点检。TPM精密点检将会借助专业化的检测设备，测定设备的实际劣化程度。精密点检所测得的数据要通过劣化倾向管理进行跟踪、分析，从而获得设备劣化的趋势和规律信息。

精密点检主要应用在精密设备、核心设备上。这类设备通常具有检查周期相对较长、现象不明显等特点，标准的点检法难以发现真正的问题，并且其对使用的工具和点检的方法也有严格的要求。借助专业设备进行的精密点检，能够防止人为或其他因素造成点检结果的偏差。进行精密点检，需要制定专项、精准、详细的作业指导书或规程，点检记录应详细到每次点检结果，并掌握设备的实时状态。这是防止设备发生故障的第三层防护线。

无论采用哪一种方式进行点检，都必须严格按照设备所需要的技术手段进行诊断，探明设备存在的问题，找到造成问题的根源，为决策提供最佳处理方案或控制缺陷的发展，做到一有异常立即发现，为倾向管理提供依据。对于多数企业来说，如果设备并不涉及高精尖产品，那么做好日常点检与定期点检，即可顺利完成点检工作。

5. 企业锅炉的日常点检与定期点检

点检是一项完整的工作，需要按照规定的方法进行。下面以企业锅炉点检为例进行讲解，企业可以依此内容对其他设备进行点检。

（1）日常点检。

对于锅炉的日常点检，要做到以下工作。

① 火焰监测的检查。

② 水位调节器功能的检查：是否能自动上水、停泵。

③ 排污 1~2 次（每班）。

④ 冲洗水位计 1~2 次（每班），要按正确的方法操作，直至将水位计冲洗干净。

⑤ 给转动、滑动、凸轮部位加润滑油，并进行擦拭。

（2）定期点检。

对于锅炉的定期点检，应做到以下工作。

① 每周定期开展的点检。

手动开启一次安全阀，复位要迅速。

对阀门盘根进行充填或更换；消除跑冒滴漏等情况。

对各处螺栓进行紧固，尤其是燃气管路系统，必要时要检查是否泄漏。

超低水位停炉，要进行停炉试验（按 B3 板上边的按钮，应能模拟缺水停炉），或是排污，以检查超低水位停炉的功能。

要对燃烧器控制系统和电眼进行检查，用手抽出电眼的光电管，应在 1 秒内停炉，并对电眼进行擦拭。

② 每月要清洗一次燃气管路上的过滤器。

③ 每半年要进行的点检工作。

保养水位电极，抽出后用细砂纸打磨。

对锅炉进行修理或年检后，要检查人孔、头孔、手孔螺母是否松动，还要检查电机转向（从风扇端看，为逆时针转动）。

校验压力表及清理表管，复位时加蒸馏水。

清理烟道，一般根据排烟温度来决定是否需要清理。一般情况下，排烟温度不超过 350℃（在锅炉出口处，烟道入口处测量），温度太高表示积垢增加、锅炉效率降低，必须进行清理。清理烟道一方面是出于经济上的考虑，另一方面是出于安全上的考虑（烟垢导热差，易发生局部烧坏）。在清理更换石棉衬垫时，要采用错口搭接的方法（防止烟气跑出），涂石墨，不能加润滑油。

④ 每年校验一次安全阀。对锅炉进行一次全面的检修保养。

6. 点检工作的注意事项

专业点检工作由专业点检员进行，有时会有多个点检员共同工作。为了保证点检工作的正常开展，在进行重点设备点检时，应注意以下事项。

① 开展设备点检活动必须做好安全管理工作，高空作业、现场带火带电作业，送电停电等危险作业，必须严格按规定办理手续并要有现场监护，杜绝人身、设备事故的发生。

② 设备点检活动开始前，要悬挂"正在点检""不要合闸"等安全警示牌，并切断电源。

③ 较大型的点检项目要在点检区域内拉安全警示线，禁止无关人员进入。

④ 开展大型点检活动前要制定安全文明点检的方案计划，提前做好场地清洁工作，并做好点检工具、拆卸件存放器具、清洗剂和清洗容器、润滑油、编号套子、记号笔、擦布、管口扎布等的准备工作。

⑤ 设备点检中的拆卸部件必须按规定有序摆放，大型项目必须对拆卸部件做好编号和安装记号。

⑥ 在进行设备点检前必须熟悉拆装部位的结构，当拆装碰到干涉和困难时，不得强行拆装，应通过复查图纸或与他人讨论等方式确定结构原理后再执行。

⑦ 油管拆卸后必须做好管口防尘包扎，防止杂物进入。

⑧ 精密零件的清洗要按有关标准或特别要求处理，清洗后要用干净绸布

擦拭，清洗容器要保证清洁。使用汽油、酒精、丙酮清洗或擦拭零件时应远离火源和热源，严禁吸烟和用火。

⑨ 设备点检工作进行前、进行中和完成后要认真、及时清理现场，保证点检现场清洁有序，做好 5S 管理工作；点检工作没有完成，下班前也要做好 5S 管理，保管好工具及贵重物品。

⑩ 在拆装部件时，使用的工具应符合要求，锤击部位不得有毛刺或飞边。所用工具必须齐备、完好、可靠，不准使用有裂纹、带毛刺、手柄松动等不符合安全要求的工具，应严格遵守常用工具安全操作规程。

⑪ 进行点检工作时要注意周围人员和自身安全，防止因挥动工具、工具脱落、工件铁屑飞溅造成人身事故，避免产品发生质量事故。多人合作要注意协调配合。

⑫ 设备上的电气路线、电气器件、电动工具发生故障，应确保其完好，不能私自拆卸；拆卸时应有专业电工处理，不准擅自动手拆卸线路和安装临时电源。

⑬ 起吊和搬运重物时，应遵守起重工、挂钩工、搬运工安全操作规程，与行车操作员密切配合。应确保钢丝绳完好，决不允许超负荷使用或斜吊、歪吊。严禁在起吊物上方、下方工作。

⑭ 高空作业前必须检查梯子、脚手架，确保其安全可靠。工具必须放在工具袋里，安全带要扎好，不准穿硬底鞋，不准打闹，不准乱扔东西。

⑮ 使用梯子登高时需两人作业而且要有防护措施，梯子倾斜 60° 为宜，必须要有人保护，人字梯要用绳子拉紧。

⑯ 登高作业平台不准置于带电的母线或高压线下面，平台台面上应有绝缘垫以防止触电，平台上应设立防护栏杆。

⑰ 清除铁屑必须用专用工具，不准用手或拿嘴吹。

⑱ 在从事氩弧焊、电焊、氧割时，必须佩戴防护眼镜和面罩。

⑲ 使用电炉加热时，首先应检查电炉的绝缘情况，放好被加热物体后，方可送电。整个加热过程应有人照看。

⑳ 使用喷灯应按照喷灯使用的安全操作规程进行。

㉑ TPM 设备点检过程中用电自检时，应使用自检试验台，必须有人监护。试验过程中需临时处理故障或进行开关挡位转换时，必须断开试验台电源，禁止带电操作。

㉒ 润滑油箱、液压油箱要按设备说明书的要求定期清理和过滤，要符合"五定"（定点、定法、定标、定期、定人），"三过滤"（油桶、油壶、注油器三级过滤）的要求，老化或损坏的过滤装置要及时更换。

㉓ 工作完毕离岗时，必须断水、断电、断气、断油源，清理场地，收好工具，并将零件摆放整齐。

7. 编制设备点检表

为了保障点检工作规范进行，应当编制设备点检表。设备点检表是由操作员负责对使用的设备进行前期检查，编制的反映具体状态的记录性文件，是指导设备修理的重要前提。

编制设备点检表，应当按照以下原则进行。

① 提出问题（定义）。

② 初步分析原因。

③ 过程分解（经常采用的方法有头脑风暴法、5W 分析法、矩阵表等）。

④ 改进方法。

⑤ 维修技术标准。

⑥ 同类设备实绩资料。

⑦ 设备使用说明书和技术图纸。

⑧ 实际经验。

在编制设备点检表时，还要掌握相关要领，做到规范。

① 按设备维修技术管理制度规定，对 A、B、C 三级设备都要进行编制。

② 填写点检项目的顺序号。

③ 填写该部件可能发生劣化的部位,检查部位可分为滑动部位、回转部位、

传动部位、与原材料接触部位、荷重支撑部位、受介质腐蚀部位等。

④ 填写该部件劣化检查的项目,如回转部位轴承检查、传动部位齿轮或齿条检查、解体检查。

⑤ 填写该部件劣化检查项目中诊断的十大要素:压力、流量、温度、泄漏、异音、振动、给油状况、磨损、松弛、裂纹(腐蚀)。

⑥ 按分工协议规定,定出专职、运行、生产点检周期。专职点检周期可先设定一个周期值,以后再逐步修正完善。

⑦ 严格按分工协议区分项目、内容、属性;制定该项目、内容在何状态下进行点检。

⑧ 点检标准由专业点检员编制并签字,且由点检作业长审核并签字。

⑨ 要求填写数值正确、名称完整、字迹清楚。

⑩ 在编制时,首先编制该部件凭五感检查的内容;其次是编制周期管理项目内容,有清扫、紧固、调整、解体检查、更换件、循环修复品件等。

⑪ 需编制精密点检内容,如测振、探伤等。

⑫ 对增补设备、技术措施改造设备应及时制定点检标准,并要考虑到同类设备的使用环境不同,其点检标准也应不同。

4.4.6　点检结果的分析

点检结束后,点检员、维修人员需要对点检记录进行统计,并进行数据分析,形成动态点检管理系统,掌握设备频发故障点以及各种劣化项目的发展速度。

通过实施专业点检,企业对设备有了充分的了解,可以制定预见性维修方案。随着点检结果不断积累,企业可逐渐找到设备的劣化周期,以此合理制定检测周期。根据检测数据分析劣化程度,能更科学地指导维修工作,不仅可以降低突发事件发生的概率,还能更科学地减少维修费用,有效避免预防性维修中容易出现的"过维修"状态。

对点检结果进行分析,会给企业带来 3 个好处。

①指导制定合理的预防性维修计划，并能及时调整检修计划。

②更准确地确定点检周期及点检基准，修改点检基准卡内容，使点检工作更加有的放矢。

③能够找出设备薄弱环节以及缺陷所在，指导开展有针对性的改善活动，以改善设备状态。

4.4.7 点检工作的评价及绩效考核

点检工作结束后，企业还应对点检工作进行评价与考核，确保点检人员对工作认真负责，保证点检结果有效，并能够给工作带来积极影响。

1. 点检工作的评价

应当在现场对点检工作进行评价，相关领导与 KTPM 协调员共同参与，并现场进行记录，以通报的形式保证三级考核网络能够顺利展开。为了保证评价的正确性，KTPM 协调员应对设备非常熟悉，以便对点检工作进行快速分析，找出是否依然存在隐患。KTPM 协调员对自己分管的设备较为熟悉，则能够从设备的运行状态中点检出存在的异常隐患，从而判断点检的结果是否真实。

在点检评价通报中，应注意以下 5 个方面的内容。

（1）5S 实施情况的检查内容。依据 5S 活动内容的要求，保证机台内干净、整洁、无掉落杂物，备件分类整理，工具摆放整齐、取用方便，目视化标示完整、无破损。

（2）针对点检工作的检查内容。规范填写点检考核表，明确操作员、检查人员，检查 KTPM 点检表是否真实、三级管理检查制度是否有效执行、设备性能是否完好，抽检询问当月重点检查设备的操作员对点检路线与点检内容的熟悉程度、专业点检真实性是否有效保证等内容。

对点检工作的内容检查是点检工作评价的重点，要针对以下 5 个部分如实填写。

①KTPM 点检表需检查的内容有 3 点：表单填写是否规范、操作员和检查人员是否明确，KTPM 自主点检内容数据是否真实，车间内点检抽查执行情况。

② 依据已经制定好的 KTPM 检查标准，对设备现场的完好性 / 完整性进行检查，查看异常信息是否记录到 KTPM 点检表中。

③ 落实优化设备点检路线、点检 / 润滑标准，规范形成后要求熟记，后期检查熟记情况。

④ 利用 KTPM 设备管理体系信息化平台收集整理出有用的信息，进行计划维修和统计分析，做到当月的异常信息要当月处理完成，不能够处理完成的，修改状态后填在系统中，便于后期维修处理。

⑤ 检查专业点检是否有效完成、按时完成，点检结果是否录入 KTPM 设备管理系统。

（3）**计划保全活动的检查内容**。检查是否提前针对维修任务做好计划，并分析计划实施效果，列出维修计划进行现场验证；定期更换项目实施的方法，查看更换记录与周期是否相符。使用 KTPM 设备管理系统作为异常信息的信息化处理平台，每月初将上月未能够及时处理的待检修的异常信息列入检修计划中，及时处理。目的是使异常信息处理流程可控化、可视化、规范化，要求异常信息处理及时。

（4）**KTPM 设备管理制度执行的检查内容**。KTPM 三级管理网络中的 KTPM 通报是否完成，其中包括车间内部检查考核；设备重大故障分析是否按时按照规定格式完成，制定的纠正措施是否实施有效；自主点检表与设备手册是否擅自修改，版本是否与存档文件一致。

（5）**润滑培训管理的检查内容**。查看每月 SOP 任务是否完成、车间工段内部点检润滑培训是否落实。其目的在于通过培训提高员工的点检润滑能力，进而保证及时掌握设备的异常信息。

2. 点检工作的绩效考核

对于点检工作的评价，应纳入点检员、维修人员的绩效考核中，设立设备点检维修质量的检查报告，以提高点检员与维修人员的工作积极性，端正他们的工作态度。检查人员应不定期对维修人员的点检质量进行抽查，每周在例会上进行讲评，对未按时点检及点检工作质量差的维修人员进行通报，督促保全人员提高点检质量。点检员的点检质量应与工资奖金直接挂钩。

要想做好绩效考核，就必须按照记录分析员工的工作进度、效率。以下记录应要求员工如实登记。

① 日常点检记录。由设备使用者填写。

② 给脂加油记录。由设备使用者填写。

③ 定期检查记录。设备劣化与否的记录，由点检员填写，其中包括规范内的点检、解体点检和精度点检的记录。一般是在年修、定修计划中进行定期检查记录，在修理中所测定的数据记录就是定期检查的记录。

④ 维修报告书。这是有关设备维修情况的记录，由维修部门点检作业者填写的所有维修活动记录。

⑤ 改进维修记录。对改进项目的维修记录。

⑥ MTBF 分析记录表。把设备发生的各种维修作业记录在 MTBF (设备两次故障之间的平均时间) 分析记录表上，该表能使现场人员清楚地看到各设备、各部位所发生的故障频率。

⑦ 设备台账。这是设备寿命时间内的记录，从设备购进后，将历次事故和修理的内容记录下来并保存。

⑧ 维修费记录。包括劳务费、材料费、外委协作费。

完善考核机制激励，每个员工的积极性会得到明显提高，同时也能约束员工的行为。考核监督在 TPM 设备管理体系中就好比是指挥棒，缺少了正确的指挥，工作就会失去方向，最终走向失败。

第5章

KTPM 小组活动如何开展

KTPM 活动依托于小组开展，小组是精益管理活动的基础与核心。所以，组建完整的 KTPM 小组，为其创造能够发挥长处的环境，不断召开小组会议，是企业实现 KTPM 精益管理的落脚点。

5.1 什么是 KTPM 小组活动

早在 20 世纪 60 年代，日本企业就已经开始开展"质量控制"的小组活动，其被称为"QC 小组活动"。当时这种小组活动并非正式的小组活动，而是根据问题自主选择题目，与企业的管理无关。20 世纪 70 年代初期，日本企业开展全员生产保全，建立 PM 小组，并将其纳入企业的正式组织系统。

20 世纪 90 年代后，随着 TPM 在全球开始推行，TPM 小组活动诞生，随后被中国企业引入，并形成 KTPM 小组活动。小组活动的开展，有效提高了 KTPM 推行的效率。

5.1.1 小组活动的定义

小组活动的英文为 Small Group Activity，通过以小组为单位进行 TPM 管理，提高组织成员的能力，实现全员参与经营，为提高员工的工作热情而活跃组织，最终实现组织成果最大化。

小组活动的核心是"全员"，少数工人和个别工程师缺少改进热情最终会导致 KTPM 实施失败。KTPM 强调必须采用全新的思维方法、沟通方法和工作方法，让每一名员工加入活动，才能取得预期的效果。

小组活动的推行，使得操作员和维修人员的知识水平得以明显提高，并将两者组成一个合作小组以优化 KTPM。这就意味着操作员与维修人员必须做到知识共享，进行有效沟通和协调，这正是 KTPM 教程反复阐述的主题。小组根据企业的 KTPM 计划，制定本小组的目标；提出减少故障停机的建议和措施；提出个人的目标；认真填写设备状况记录，对反映出的设备实际状况进行分析，成员间相互切磋研究；定期开会，评价目标完成情况，经小组研究完成，可向上级汇报；评价成果并制定新的目标。

多数企业的 KTPM 小组，由 10 ~ 15 人组成，小组成员自行推选出小组领导人。小组要制定活动目标，具体可分为工作任务目标（如设备总效率、故障率、单件成本等方面的目标）和组织活动目标（如小组开会情况、培训计划完成情况、合理化建议提案等方面的目标）。

除了成立直接在厂房内工作的基层 KTPM 小组，企业还应成立高层小组与中层小组。高层小组是经营者（董事长、总裁、总经理）为组长、各部门负责人为成员的部长组织，被称为 KTPM 推进委员会。中层小组是管理者（部长、科长）为组长、班组长为成员的班组长组织，被称为班组 KTPM 推进会议。

KTPM 推进委员会、KTPM 小组共同参与保全工作，各级组长作为上一级小组的成员开展活动，他们起着连接上一级小组和下一级小组的作用，是 KTPM 里特有的组织形式。从上往下的各阶层，像锁链一样互相连接，各阶层的组长跟上层小组紧密连接，目的在于促进信息情报的沟通交流。

以小组的形式开展活动，会给 KTPM 活动的推行带来非常大的便利。表 5.1-1 所示为 KTPM 小组活动的优势，其能给企业带来直观改变。

表 5.1-1　KTPM 小组活动的优势

优势	具体体现
思维的碰撞，引出智慧性的方案	人多力量大
	受他人思路的启发，能提出更完善的方案
容易实行	多部门的人员组织到一起，能充分发挥各自的特长
	行动方案综合了各部门的意见
	完善的行动方案能强化行动力
使人际关系融洽	各部门的人员由于小组的关系来到一起，能提高整个小组的能力，也能实现自我提高
	互学互助，水平不断提高，增加加入小组的积极性，消除部门壁垒

5.1.2 开展 KTPM 小组活动的目的及作用

开展 KTPM 小组活动会给企业带来积极作用，能帮助企业形成全新的文化，实现降低成本、提高员工能力的目标。

1. 开展 KTPM 小组活动的目的

通过开展 KTPM 小组活动，企业可以实现以下目的。

① 通过全员的思考与行动，逐个讨论设备出现的详细不良点，并确定其数量。

② 通过所有人的努力，研究针对不良点的对策，提高精益管理的效率。

③ 通过学习解决不良点的方法，分享经验，让每一位员工的业务能力都能得到明显提高。

④ 各小组相互沟通学习，提高提供基本条件的水平，例如生产活动更安全、更舒适、更简单、时间更短等。

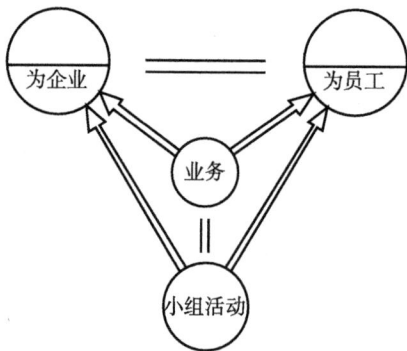

图 5.1-1　小组活动循环图

最终，KTPM 小组活动实现企业、业务、员工共同提升，并以此形成良性循环。图 5.1-1 所示为小组活动循环图，小组活动的循环能给企业带来新的活力。

开展 KTPM 小组活动的最终目的，就是消除设备原因造成的损失，减少因人员效率造成的损失。以损失为零为目的，建立起全员参加的体系，这是开展 KTPM 小组活动的终极目的。

2. KTPM 小组活动的作用

除了实现既定目的，KTPM 小组活动的推行，还会给企业带来更多作用。

① 每个成员都能自觉、自主地参加小组活动。

② 每个成员都能熟练地操作设备，执行现场标准化的作业程序。

③ 每个成员都能主动、积极地提出改善建议。

④ 每个成员都能自觉地进行自我检查和相互评估。

⑤ 小组具有自主维修能力以及联合技术部门共同进行攻关的能力。

提高员工的自我意识，使员工主动参与企业发展、设备管理活动，这是 KTPM 小组带来的深层次作用，对企业的发展具有长远影响。

例如，某企业生产车间的三滚机经常发生事故，该三滚机在每个调色过程结束之后都需进行换色，这就需要将三滚机彻底清洗一遍。由于三滚机的这种运行方式，工作人员在清洗过程中稍不小心，就会被转动的三滚机夹断手指。

一名入职不久的员工，主动提出开展 KTPM 活动，并启动 KTPM 小组及计划。在他的带领下，小组找到了解决方案：在机器的滚轴两边焊上挡板，只要在挡板范围内擦洗，手放进去没有任何危险，杜绝了安全隐患。

这种问题的解决办法，只有生产现场的一线工人才能想到，行业专家反而因为距离一线生产线较远，不能考虑到这个问题。所以，积极地开展 KTPM 小组活动，每名员工的积极性都会得到激发，员工们愿意投入到生产改善中，解决诸多看似很难处理的问题。

3. KTPM 小组组长的能力要求

KTPM 小组活动能否达到预期目标，小组组长起到了关键作用。小组组长的组织和带动能力，是决定其能否胜任岗位的第一要素。KTPM 小组组长可以由员工选出，也可以由上级指定。无论如何产生，小组组长都应具备以下素质。

（1）小组组长是核心与指挥者。

开展 KTPM 活动时，小组组长需要根据每一名员工的特点分配工作任务，还要根据目标需求，组织员工通过头脑风暴方法讨论问题，集思广益解决工作中的问题，协调员工的步伐，成为小组的核心和指挥者。这就要求小组组长不能以"领导人"自居，仅仅只是指使别人做事。小组组长必须耐心地告诉员工应该怎么做，尤其对于工作经验较少的员工，应耐心地做示范。因此，小组组长应具备比员工更强的工作能力与更多的工作经验。

（2）团结、带动小组成员共同成长。

KTPM 小组组长不仅应能经营业务，还要懂得与他人交流相处的技巧，与成员和谐相处，懂得关心小组成员，能够有效化解小组成员之间的矛盾。小组组长是学习新知识、新技能的模范，能带动小组成员共同学习、共同成长。

（3）小组组长是员工的榜样。

在 KTPM 小组中，小组组长应起到榜样的作用，让员工可以从自己的身上学到生产技术和与小组成员相处的技巧，从而建立团队意识。小组出现问题，小组组长首先要检讨自己，不可文过饰非，把失误的责任推给别人，只有勇于承担，才能让组员信服，愿意接受自己的工作委派。

（4）小组组长应是个鼓舞者。

受限于能力、目标难度等的影响，KTPM 小组开展活动时可能会遇到一些较为棘手的难点。面对沮丧的小组员工，小组组长应当学会给大家打气，努力做个乐观主义者，少抱怨，更积极地去看待问题，鼓励大家在现有的条件下把事情做好。要想小组顺利完成计划，很多时候小组组长所做的鼓励工作，甚至比专业保全方面的工作更重要。

5.1.3 小组活动的基本思想与基本方针

KTPM 小组活动的基本思想是"全员参与"，每一位员工都是责任的主体。小组是开展 KTPM 活动的基础，只有提高全员参与的热情，才能发挥小组的作用。在 KTPM 实施最初期，以清洁、培训为主；中期以维修操作为主；后期以召开小组会议、检查和自主维修为主。无论哪个阶段，要始终以小组和成员为中心，这是开展 KTPM 活动的关键。

要想贯彻"全员参与"的基本思想，小组必须创造适合的环境来激发全员的热情。表 5.1-2 所示为小组活动的基本思想与基本方针，小组应贯彻相关内容，实现小组活动的推进。

表 5.1-2　小组活动的基本思想与基本方针

小组活动的基本思想	小组活动的基本方针
在组织上愉快合作	落实并遵守基本原则
人与人之间真诚相待	提高全员实力（全员专家化）、提高安全生产效率
在业务上勇于创新	以品质改善、效率提高为中心彻底进行阶段（STEP）活动
通过思维的转换（意识变化）、习惯的改变，促进企业和个人的发展	

针对小组活动的基本方针，企业在开展 KTPM 小组活动时，应遵循以下几个原则。

① 每月举办不少于两次的小组专题活动。

② 小组活动形式多样，人数不限、题材广泛，可以包含所有关于企业发展的话题。

③ 小组活动要进行记录，保证主题明确、记录真实，并进行效果评价与跟踪。

④ 责任到人、分工明确 。

5.1.4　KTPM 小组的组成

KTPM 小组的组成，应遵循以下几个原则。

① 人员应来自与现场有关的多部门，不应局限于一个部门。

② 人数为 10 ~ 15 名为宜，人数不宜过多，否则无法开展有效的话题讨论与项目执行。

③ 小组应有自己的名称，以增强凝聚力。

④ 组长可以由车间、设备管理部、质保部或技术部的人员来担当。

⑤ 现场进行工作交接，应按规定进行专人对接，特殊情况需经主管部门同意。

⑥ 现场以区域为单位，办公区域以部门为单位（间接通过 TPM 小组活动，创造舒适的工作环境、改善业务流程、提高业务效率）。

5.2 KTPM 小组活动成功的 3 个条件

要想 KTPM 小组活动获得成功，必须实现技能、方法、环境的同步优化，保证小组始终处于向上的状态。

5.2.1 技能

KTPM 小组的技能应达到以下两点。

1. 专业技术

小组成员应具备相应的专业技术，了解 KTPM 活动的各项要求，能够快速投入到工作之中。企业应定期进行 KTPM 活动培训，以专家讲座、老带新等方式，快速培养员工的专业技能，避免因为员工对 KTPM 活动的不熟悉，导致活动始终无法有效推进。

2. 管理技术

KTPM 活动以小组为单位，但相关内容还要向上级部门汇报。这就要求小组组长、上级领导同样熟知 KTPM 活动的特点，能够有效组织开展小组活动，发现存在的问题，保证小组活动有序开展，做好管理工作。

对于 KTPM 小组活动，原则上要选择有经验的老员工作为组长，有丰富经验和理论知识的中层领导作为上级部门，以避免因自身能力不足而对小组活动产生负面影响与干扰。

5.2.2 方法

小组活动的方法应侧重以下几点。

1. 人际关系培训

（1）**人的成长需求**。保证每一名员工通过小组活动都能得到技术、思维水平上的提高，始终处于成长阶段。小组组长应针对每一名员工进行分析讨论，帮助其保持"饥饿感"，使其愿意与小组共同成长。

（2）小组的使命。不断强化小组的使命，每一项任务都需精确到人，提出精准的目标计划，引导每一名员工为了目标而奋斗。

2. 团队精神培训

培养团队精神，引导小组成员建立"我们是一个团队"的理念，让小组成员愿意与其他成员交流、配合，在这个过程中共同完成目标，并使每一名员工都能从其他人身上学到有价值的知识。

3. 自由的激励体系

对于 KTPM 活动已经开展得较为成熟的企业，可以使用更加自由的激励体系，将活动开展的主动权真正交给 KTPM 小组，通过激励法则提升 KTPM 小组的活力。如果设有激励机制，单靠规章制度的制约力是不够的，还应对小组实行责任承包制和定量经济承包制，这对监控设备"零缺陷"有较好的作用。

（1）责任承包制。对班组明确责任、规定权力，规范奖罚原则，做到"三好四会四懂"（用好、管好、修好；会使用、会检查、会修理、会排除故障；懂原理、懂构造、懂性能、懂用途）。切实完成好应承担的项目，如日常的维修保养润滑等。严格按操作规程操作，保障设备"零缺陷"运行，根据基础工作和生产任务完成情况兑现奖罚。

（2）定量经济承包制。采用维修成本单机（单人单机，多人单机）考核，考核指标将与维修费用和作业量挂钩。这种承包制除了要满足责任承包中规定的技术、安全、养护等方面的要求外，还要和经济挂钩，可增强员工提高维修技术、改善维修质量、把握配件质量、精细操作、认真巡检的意识。

要想实现设备"零缺陷"运行，则要正确设定各个管理项目与管理指标，使全员参与预防性设备管理，有方向且有信心达到目标值；监督体系应能保证工作质量，安全操作，及时发现隐患、故障并及时处理；激励机制可持续激励员工、兑现奖罚，能让领导和员工看到 TPM 全过程设备管理的成果，使 TPM 全过程设备管理得到广泛和持续的支持。

5.2.3　环境

KTPM 小组活动获得成功的第 3 个条件是环境，包括心理环境与外在环境两部分。

1. 创造心理环境

（1）**全企业的变革气氛**。企业内部提倡发展小组文化，定期对优秀的小组、优秀的员工进行表彰，让全员增加对小组活动的荣誉感，主动投入小组活动。

（2）**小组活动的推行**。积极推行小组活动，并保证小组活动推行时具有以下气氛。

① 在讨论问题时，运用头脑风暴法，以自由自在发表意见为原则。

② 当出现意见不一致时，组长要及时稳定秩序。

③ 每个人都要积极发表自己的意见。

④ 每个人都要认真听取他人的意见，不得反驳和取笑他人。

⑤ 在规定的时间内把意见资料整理出来，分发给每个人。

（3）**从组织和制度上激活参与 KTPM 的热情**。首先，领导的高度重视和强调将起到提案箱的作用，如果部门经理指明要求某几个人提案时，这些人也一定要配合工作。其次，还要实施部门首长承诺制，每个部门的负责人应对本部门提案的件数、参与率以及要达到的目标做出承诺，把自主活动变成有组织的活动。此外，还要把部门和个人提案件数与每月的考核联系起来。这样，从组织和制度入手，让员工体会到提案无处不在，只要好好改善，就一定能得到多方面的肯定。

（4）**倾听员工意见**。员工既是 KTPM 管理的主体，也是 KTPM 管理的客体。在推行 KTPM 的过程中，高层领导者应该与一线员工共同探讨，倾听员工的意见，对员工的行动予以鼓励与表彰。

（5）**多赞美员工**。对于 TPM 管理过程中员工的行动应多给予表彰和赞美。哪怕是高层领导与员工亲切地握手、进行简单的语言交流都会成为员工继续行动、取得更深层次的变革结果的最好的鼓励。领导千万不能以自己的意见来左右或批评员工的行动。

2. 创造外在环境

（1）**自主管理的模式**。小组活动应采取自主管理的模式，大部分问题应当交由小组内部讨论解决，避免上级领导过分干涉小组活动，打消员工的自主积极性。

（2）**改善工作现场**。保障工作现场干净，各类工具摆放整齐，给员工带来舒适感，使其愿意投入小组活动。

（3）**对 KTPM 活动采用合理的激励手段**。例如，企业定期开展小组竞赛，对提案结果进行评比；以活动月的形式开展提案活动等。此外，还可以召开月度优秀提案发表会和表彰会，制作事例集，集中展示提案成果。

（4）**给核心员工加薪**。虽然在工作中要一视同仁，但有时也需有一定的差别。在 KTPM 管理的推行过程中，对于那些参与最多的人，变革过程中的中坚力量，应予以加薪；对于做面子工程的员工，应予以批评。

（5）**标准、制度保证**。制定完善的制度，并严格执行，避免因徇私舞弊导致小组活动无法有效展开，影响全员生产与维护的心态。

（6）**企业关注全员参与的衡量指标，定期公布人均提案数和提案的参与率**。在日本，部分企业的人均提案数维持在每月每人十几件的水平，所以小组活动丰富，人员参与热情高。

如果提案参与率不高，即使提案件数很多，其意义也不大。例如，一个 100 人的部门提案 200 件，但是都是由 2 个人完成的，企业也只能将这个部门评定为 C 级；另一个 100 人的部门同样提案 200 件，但是提案是由 100 人完成的，实现了全员参与，因而被评定为 A 级。企业只有给全员创造"人人参与 KTPM 活动"的氛围，小组活动才会越来越丰富。

5.3　KTPM 小组活动的内容

开展 KTPM 小组活动，必须紧扣活动的内容，通过活动循环与完善会议制度，保证 KTPM 小组活动能实现既定目标。

5.3.1　KTPM 小组活动实施循环图

推行 KTPM 小组活动的关键，是让其形成循环效果，可以在小组活动中发现问题、解决问题，不断进行优化，并总结经验，为下一次活动积累丰富的数据。图 5.3-1 所示为 KTPM 小组活动实施循环图，是一次非常成熟的 KTPM 小组活动推进。

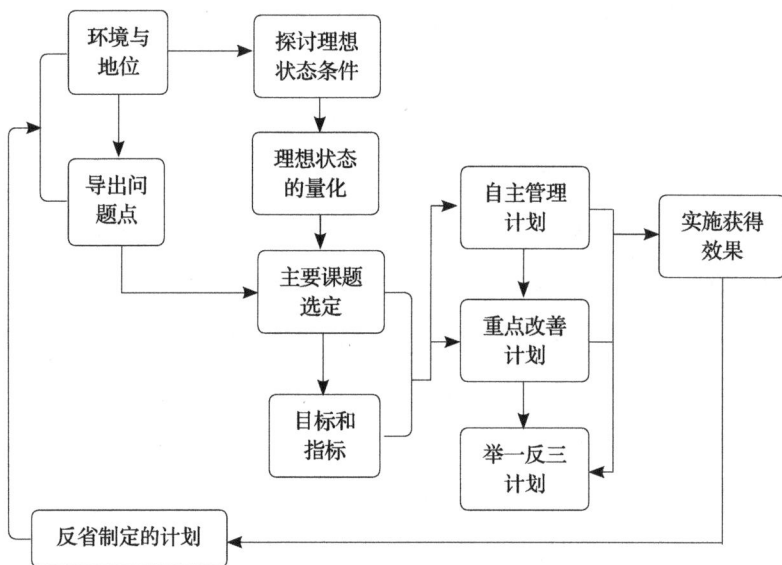

图 5.3-1　KTPM 小组活动实施循环图

为了保证 KTPM 小组活动能够实现良性循环，小组应引入自主活动和激励机制，并积极进行自我评价。

① 自我发展阶段：自觉要求掌握操作技术和改善技能。

② 改进提高阶段：不断改进作业过程。

③ 解决问题阶段：小组的活动目标与企业的发展目标相适应，组员能活跃思维，积极主动地查找解决问题的方法并解决问题。

④ 自主管理阶段：小组自己不断地设定更高的目标，并能独立自主运行。

5.3.2　KTPM 会议与小组活动

推行 KTPM，需要召开会议与开展小组活动。制定合理的会议形式、规范小组活动流程，是 KTPM 发挥作用的前提。

1. KTPM 会议

会议，是将所有人聚在一起就某件事情进行讨论，寻求解决方案的活动。会议是突出领导职能，实现决策民主化、科学化的重要工具。通过召开会议，KTPM 能够起到集思广益、培养团队精神、发现人才的作用。

KTPM 活动之所以需要召开会议，是因为通过会议，可以集中讨论问题，让所有人意识到当前存在的难点。通过小组组长的有效领导，所有人积极参与讨论，共同解决问题，实现全员参与的目的。

KTPM 会议不必拘泥于某种特定的形式，"会而有议，议而有决，决而有行，行而有果"是会议的基本原则。没有主题（目的）的会议不如不开；会议未能形成任何有建设性意义的决定或共识等于没开；有决定未执行的等于空开；实施执行了没有效果等于白开。一定要找到能具体讨论的话题，这样的会议才有意义。

KTPM 会议可以在生产现场进行，也可以在会议室进行。每一个人都能融入讨论的氛围中，KTPM 会议就是有价值的。

2. 小组活动的原则

KTPM 小组活动要营造团结、紧张、严肃、活泼的气氛，各成员之间应在和谐、友善的环境中进行讨论，以共同帮助、共同奋进推进小组活动。KTPM 小组活动的召开，应遵循以下原则。

① 各成员每天不定期碰头。

②每个月至少召开两次完整会议，每个周末固定用一小时的时间召开一次会议。

③主题要选择能亲身进行实践且经过努力能实现的。

④每次开会讨论的内容要有专人记录。

⑤会议结束时，组长要布置下次讨论的内容及有关准备事项。

5.4　KTPM 小组活动的评审程序与标准

自主管理是通过员工对设备和现场自行进行维持和改善，从而实现并维持设备和现场的最佳状态。KTPM 自主管理小组活动比自主管理的范围更广，它是以制造部门小组为中心的操作员的活动。

小组集体维持设备的基本条件、遵守使用条件，根据总点检来进行劣化的复原，把培养熟悉设备的工程师作为目标。

5.4.1　自主管理 KTPM 活动的评审

对 KTPM 小组活动进行评审，指 KTPM 推进办以推进活动为主要内容，对小组活动三要素（活动板、现场、成员，简称"板、物、人"）进行综合指导。评审是对一个阶段内的活动理解程度、目标完成情况进行把握，对面临的困难给予支援，对不足点进行指导，并明确今后活动的方向。

对 KTPM 安排的任务的完成情况进行统计，是评审 KTPM 小组活动的基本原则。表 5.4-1 所示为小组活动评审表，能够体现每一名员工在小组活动中的表现。

表 5.4-1　小组活动评审表

评审内容	
效果 / 目标	6S 每月检查评价达到 85 分以上
	遵守作业标准
	现场物品摆放整齐
活动指标	1. 人均不合理发现：　　　　× 件 / 月
	2. 人均提案：　　　　× 件 / 月
	3. 人均单点教育：　　　　× 次 / 月

对于 KTPM 小组活动，应当按照以下要点进行评审。

① 导入教育：小组成员是否完全理解 KTPM？

② 协助：小组成员之间的援助协作是否做得很好？

③ 小组活动主体：重复的小组活动是否在进行？

④ 作业本身："自主保全就是作业本身"的思考方式是否常识化？

⑤ 实践主义：不受形式或管理的约束，是否用行动来解决问题？

⑥ 教育训练：按照每个阶段的目标，是否进行了教育训练？

⑦ 实质性效果：按照每个阶段的目标开展工作，是否有实质性效果？

⑧ 自己制定应遵守的事项：是否拥有自己制定事项的能力？

⑨ 自主保全诊断：管理者的诊断与指导是否贴切？

⑩ 样板先行：样板的选择方法是否合适，管理者的指导是否良好？

⑪ 迅速地处理：是否迅速对指出的不合理进行处理或改善？

⑫ 彻底地落实：是不是只追求 STEP 的形式性活动？

5.4.2　KTPM 小组活动的发表

在 KTPM 小组活动的推进过程中，通过在会议室或者现场召开会议，公布 KTPM 工作的计划、过程、方法、心得体会或所取得的成果，即常说的发表活动。

通过对活动的发表，小组的目标、计划得以清晰展现，能达到目视化管理的目的。这不仅能够帮助小组成员理解本次活动的细节，还能够让企业领导看到 KTPM 小组的工作重点。

5.5 KTPM 活动中的三大工具

开展 KTPM 活动，需要借助单点教育、小组活动会议、活动板三大工具，利用好这三大工具，KTPM 活动就能事半功倍。

5.5.1 KTPM 单点教育培训

KTPM 单点教育（OPL）培训是一种在工作过程中进行培训的教育方式，是集中式的非脱产培训，又称为 10 分钟教育。OPL 是 One Point Lesson 的缩写，是建立教育型组织的重要手段和载体。单点教育又被称为教育型组织，即人人为师，有意识地引导和开发团队中每个人的教育潜能。每个人是学生，又是教练，每个人按照教练法则来参与团队的训练。

1. 单点教育体系的目的与特点

企业推行 KTPM 单点教育，有 3 个方面的目的。

① 增加作业者、保全人员的设备知识、保全技能及品质、成本等方面的知识。

② 以积累实践经验和技术知识为目的，由员工自己构思，自己动手制作资料。

③ 员工自己做老师，与大家一起学习。

KTPM 单点教育不同于单纯的技能培训，它是一种全员互动式的教学方式，课程在实际工作中开展，每一名员工都是老师。它是企业识别、收集知识点的有效手段，能够让隐性的知识显性化；是企业实现知识共享的重要方式，让个人的知识公开化；是员工实现自我成长的重要途径，让员工实现岗位成才。

KTPM 单点教育的显著特点，是能够在 5 ~ 10 分钟内完成教育，可利用班前会或其他空余时间开展；培训地点也很灵活，主要是在现场进行，以小会议的形式开展；课程的对象是小组全体成员，讲师同样是小组全体成员。

2. 撰写单点教育的课程内容

撰写单点教育的课程内容时，应尽可能做到深入浅出、主题明确、简单易懂、逻辑清晰，便于实践运用。原理、理论等内容以简单实用为主，避免长篇大论的理论描述，尽量体现 5W2H。

①What：讲的什么——内容。

②Who：谁来讲、谁来学——讲师与受训对象。

③Where：应用在何处——应用的场合、设备。

④When：何时应用，何时进行培训——应用时机以及培训时间记录。

⑤Why：为什么这样——原理、理论根据。

⑥How：如何做——方法、手段、工具的应用。

⑦How much：做多少，做到什么程度——作业标准、作业规范、评价标准。

如果企业之前并未开展过单点教育，那么在培训之初，应多由工程师、技术员、技术骨干来主写和主讲，以此作为典范，逐渐带动其他员工踊跃参加单点教育课程内容的撰写和培训。当其他员工逐渐领悟单点教育的精髓与方法后，再邀请其他员工做讲师。

3. 单点教育的流程与注意事项

单点教育的流程遵循"发起 - 撰写 - 评审 - 修改建议 - 培训 - 定期评比 - 编辑成册"的原则，每一次单点教育都会针对一个问题进行细致讨论，直到最终得出结论，取得良好的激励效果。图 5.5-1 所示为单点教育的流程与步骤，企业应遵循这一模型开展单点教育。

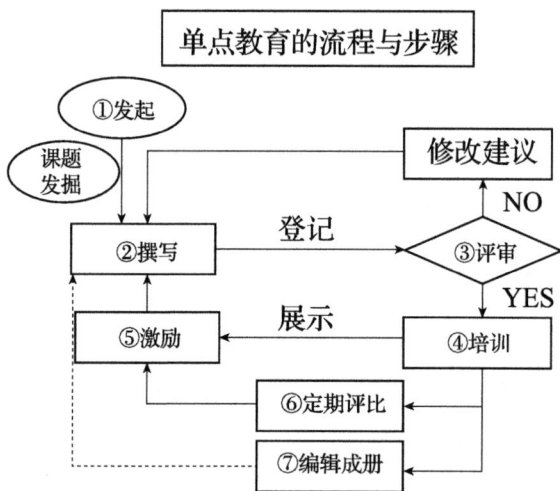

图 5.5-1　单点教育的流程与步骤

开展单点教育时，还应注意以下几点。

① 注意维持员工的积极性，深化单点教育的意义，帮助员工成长。

② 车间领导、班组长每月至少参与 2 次单点教育，做到以身作则。

③ 不责备员工，即便某位员工的培训内容不佳也不要伤害其自尊心。要给人以信心，用积极的态度让编写者修改好，以教练的角度对其进行指导 。

④ 技术人员的示范作用很重要。经验丰富的员工要定期发布优秀的培训课程内容。

⑤ 教案内容不必太过复杂，多用图片、表格、照片，格式尽可能统一。

⑥ 如果计算机应用能力有限，一开始可以采用手写的形式，逐步电子化。

⑦ 如果个人不善于文字表达，可以与其他人合作编写。

4. 单点教育的种类与教育内容

单点教育按种类划分，主要有以下几种类型。

（1）**基础知识应用**。在进行生产或开展 KTPM 活动时，以"不知道就不行"的观点来要求自己，通过教育来补充新知识。

（2）**故障及不良事例**。以实际发生的故障、不良事例来反省知识及技能上的不足，防止其再发生。

（3）**改善事例**。根据横向联系的改善事例学习新的改善思维方法，以提高自主保全活动中的改善质量。

不同的单点教育种类对应不同的培训目的。而在培训课程中，以下内容是教育培训的重点。

① 设备操作技巧。

② 设备维护技巧。

③ 设备精度的调整。

④ 小故障的处理。

⑤ 某种产品缺陷的防止。

⑥ 紧急情况的应对。

⑦ 危机隐患的发现和处理。

⑧ 小工具的制作。

⑨ 提高效率的小方法。

⑩ 减少劳动疲劳的做法。

⑪ 堵漏技术的应用。

⑫ 操作员工艺的改进。

⑬ 安装、对中、平衡方法。

⑭ 清扫工具的制作。

⑮ 防止污染的好方法。

⑯ 根除故障根源的维修方法。

⑰ 减少浪费、降低成本的改革方案。

单点教育的培训内容侧重于基础、应用方向，培训内容可以直接应用于工作。

5. 开展单点教育的方法

开展单点教育应遵循以下原则。

① 选定主题（题目）。

② 在 10 ～ 20 分钟内能够做完完整的 KTPM 活动内容，字体大且易读。

③ 尽可能多地使用图表、漫画、照片。（能够在 10 分钟内结束教育。）

④ 必须由当事人记录，不熟练则由组长帮助，1 张 / 周 KTPM 活动表为最低目标。

⑤ 按先后顺序装订并保管记录文件，放在任何人都能够看得到的地方，原则上使用活动板进行展示。

表 5.5-1 所示为 OPL 单点课表，是一份标准的 OPL 课表，KTPM 小组成员可以按照此表格进行课程设置。

表 5.5-1　OPL 单点课表

单点课名称							单点课编号		
编制日期	KTPM 小组名称	归属部门	编制人	审核人	批准人	适用范围	评定等级	评定人	评估日期
改善类别	○污染源　○困难源　○故障源　○浪费源 ○缺陷源　○危险源						OPS 提案编号		
改善前现象					改善要点事项				
图例				图例					
改善成果		改善成果	（描写时一定要有前后的数据化对比变化。）						

6. 单点教育课程评分

对于员工开展的单点教育课程，需进行评分考核，由其他员工打分，以此判断此次单点教育培训是否达到要求。表 5.5-2 所示为单点教育评分表，应当在每次课程结束后应用。

表 5.5-2　单点教育评分表

课题名称：　　　　　　授课人：

项目	编号	评价项目	评审内容	权重	得分	备注
OPL	1	案例典型性	案例与实际工作结合紧密，能在一定范围内开展培训并推广： 1. 班组内（10 分）； 2. 车间内（20 分）	30		
	2	课件制作水平	1. 课件条理清晰、前后连贯、逻辑性强（10 分）； 2. 以表格、图片、数据为依据，具有说服力（10 分）	20		
	3	合理性及实施效果	1. 实施过程科学合理（10 分）； 2. 实施后能够有效提高产品质量、工艺控制精度、安全性，弥补设备某一方面的不足或缺陷（10 分）	20		
	4	授课效果	1. 语言表述清晰、易懂、流畅（10 分）； 2. 课程时间在 10 分钟内（10 分）	20		
	5	易学性	案例具有较强的针对性，通俗易懂，易于被接受（10 分）	10		
总　分				100		

注：得分在 90 分以上为优秀，80~90 分为良好，60~79 分为合格，60 分以下为不及格

7. 增强培训效果的途径

为了增强单点教育的效果、激发全员培训的积极性，企业应当针对课程进行相应奖励，从精神激励与物质激励两个角度入手。

（1）精神激励。

①定期评选、公布优秀的单点教育课程。表 5.5-3 所示为单点教育好评表，包括课程精华、具体内容与点评。该表在全员中进行推广，这样能够让讲师

感受到内心的满足，愿意主动加入这一活动。

表 5.5-3　单点教育好评表

内容：增压机 C101 二级气缸的温度很高，而且气阀设计不合理，很容易使气阀里的弹簧断掉，从而使气阀失效，没有起到其应有的作用，导致二级气缸的气体串回一级气缸，二级气缸的出口压力达不到生产要求 因此，如何判断增压机 C101 二级气缸的气阀是否损坏就显得很有必要 ①如果二级气缸的安全阀经常跳闸，而且不是一级气缸入口压力超标引起的，那么通常是二级气缸的气阀失效，造成二级气缸入口压力超标，从而使二级气缸的安全阀跳闸； ②可以听一下二级气缸气阀处有无异常响声，如果有就可初步判断气阀已经损坏，断落的弹簧撞击能引起异常响声； ③用红外线测温仪测量图中Ⅰ、Ⅱ、Ⅲ、Ⅳ 4 个点的温度，如果相差不大，基本上就可以确定是二级气缸的气阀已经损坏	
车间点评	判断增压机 C101 二级气缸气阀是否损坏的内容比较准确，值得推广

② 以编写人的名字命名一种方法或操作法。

（2）物质激励。

① 对认可的教案、讲师给予报酬。

② 对优秀的教案、讲师进行嘉奖。

③ 给予授课课时费。

对于不同的单点教育培训内容，应定期进行评比，由人力资源部门发起评比活动、组建评选小组，评选谁写得最多、车间人均 OPL 件数、班组人均 OPL 件数、谁的课讲得好，并对评选结果优异的员工给予一定奖励。

以下为某企业的单点教育评比模式，值得我们认真学习。

评选频次：刚开始每季度一次，两年后每半年一次。

评选组织：由 TPM 推进办组织相关人员进行评选。

评选对象：定期评选优秀的 OPL 编写人、讲师。

奖励办法：按编写的 OPL 数量计，奖励奖金、证书或奖品。

排名第一：奖励 500 元。

排名第二：奖励 300 元。

排名第三：奖励 200 元。

被奖励者编写的 OPL 件数最低应 ≥ 5 件。

用调查表进行调查，被班组员工评为优秀 OPL 讲师者，每人奖励 200 元。

颁奖时机：可利用工厂的小组活动成果发表大会或其他活动。

颁奖者：高层领导。

8. 编辑成册

企业可以以年度为单位，将本年度优秀的单点教育课程编辑成册，印刷后分发给相关单位学习。同时，这也是企业的知识储存，为未来建立丰富的知识管理与分享体系奠定基础。

9. 优秀单点教育展示

图 5.5-2 所示为 ×× 化肥分公司教案，这是一份优秀的单点教育展示，企业可以学习参考。

教案生产者：×××	编写人：×××		审批人：×××
岗位名称：膜压岗位	培训对象：空分运行人员		培训教师：×××
类别	○技术改进 ●现场改善 ○成本节约 ●工作技巧学习 ○其他类别		
教案主题	膜压机加油器具改善		
参与培训者签名：略			
教案内容（改进前状况、改进方法、改进效果）：			

图 5.5-2　×× 化肥分公司教案

改进方法：

改进前：

润滑油

漏斗

曲轴箱   曲轴箱

润滑油

曲轴箱   漏斗   曲轴箱

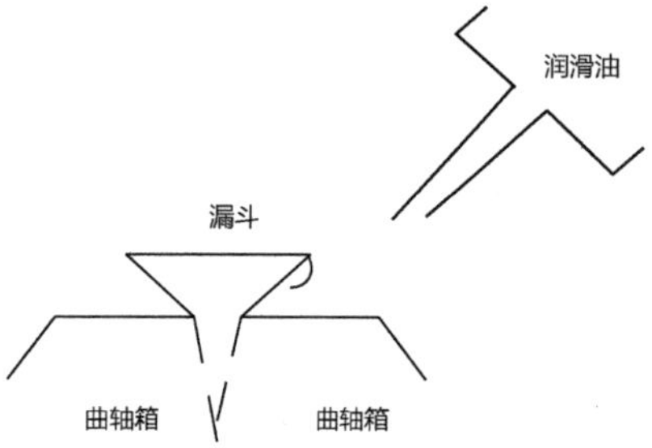

给曲轴箱加油时，油会从漏斗孔飞溅出来

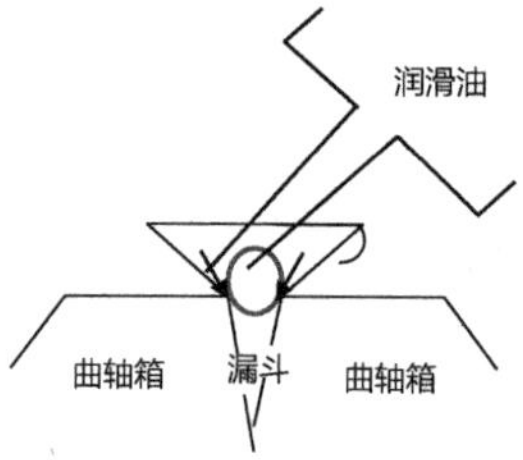

改进效果：

在漏斗孔处添加塑料小球后，油从漏斗孔与小球的缝隙处加入，飞溅出的油滴被小球挡住

专业技术人员意见：

    在漏斗孔处添加塑料小球后，润滑油被顺利加入曲轴箱，同时没有油滴飞溅出，既安全又不影响机体卫生

整体评估效果（对教案的产生、运用、培训到结果的整体评价）：

    目前各班组都在使用此方法加油，效果很好

编写日期：2019 年 9 月 13 日　　　　　教案编号：GQNo.006

图 5.5-2　××化肥分公司教案（续）

5.5.2　小组活动会议

开展小组活动会议，是为了利用全员的力量解决企业的难题。一个人的想法是有限的，以小组为单位开展活动，能够实现群策群力的目的，集中智慧解决问题。

小组活动的重点会议通常以月为单位进行召开，在会议上要进行信息共享、信息传递，掌握小组成员的活动状况。会议一般由自主保全小组组长提出申请，经班长或主管同意后协调生产，尽可能地安排小组全员出席，同时邀请上一级领导（班长或主管）列席会议。会议时间在 1 个小时以内，可以分成两段。

　　召开小组活动会议时，首先是组长说明小组目前的活动状况，然后听取组员汇报，接着落实后面的活动任务，然后去现场开展活动（现场活动不算在会议时间内，现场活动时间可以是半天，也可以是一天），在当天活动结束前，组长再次召集组员开一个总结会，确定问题的解决情况、新问题的解决计划，以及任务的再分配等。

　　如果每月一次的重点会议不能达到效果，那么小组活动会议从形式到频次都应扩大。例如，企业的员工是倒班制上班的，聚到一起有困难，这时可以采取活动板留言或组员与组员之间进行传话等形式传递信息。同时，小组还可以进行 2 ~ 3 次的局部会议沟通，进一步细化会议内容。

　　通过举办小组活动会议，TPM 活动能有效推进，并能培养出一批具有干劲、熟悉业务、严于律己的人员。表 5.5-4 所示为小组活动会议的作用，小组活动会议能够有效提高员工的能力。

表 5.5-4　小组活动会议的作用

序号	操作能力	会议的内容及方法
1	发现设备异常的能力	通过实地触摸和操作设备，了解设备的缺陷和已出现过的故障，并学习如何将其排除
2	处理设备异常的能力	了解缺陷导致故障的原因，并考虑如何改善；了解设备的正常状态并学习如何进行调节恢复
3	条件设定的能力	了解设备的构造、机能及关键部位；了解维持设备精度和性能的方法
4	做好日常事务的能力	了解设备精度与加工品质的关系，做好日常的 3S、点检和保养工作
5	设备修复与改良的能力	在加强前 4 项能力的基础上，学习设备基本结构的分解和修复技能，研究设备的改良技术

　　小组是 TPM 活动的基本单位。小组活动的开展情况决定了 TPM 活动的推行是否有效、成功，甚至直接决定着企业能否抵御市场风险、经营风险、生产风险，它是企业的"免疫"体系。

　　要想做好小组活动会议的相关工作，必须让活动会议成为制度，定期召开。每次小组会议都要通报维护衡量指标，说明上个月的工作计划的完成情况，部署下个月的工作计划，并做好会议记录。部门领导应及时查阅小组会议记录，对小组进行指导与支援。

为了保证小组活动会议遵守规则有序进行，小组活动会议应按照以下流程进行推进。

1. 制定行动方针

接收到主管的方针指示后，小组组长应进行规划，明确最需要解决的问题是什么，并针对问题制定行动方针。

2. 经理检查

针对行动方针，经理需要对小组的工作情况进行检查和审核。

3. 明确进度

通过经理审核后，小组应确定行动内容和时间安排，包括何时开始、何时结束、谁来做、做什么、如何做等内容。

4. 确定重点课题

确定本次小组活动会议的重点和下一次的课题内容。

5. 进行反思

在小组活动会议中，小组组长应引导全员进行反思，思考导致故障、次品的原因是什么，是否忽视了什么，未来有哪些改善的方向等。

6. 确定改进事例

小组组长应确定改进的事例是什么，其他小组车间是否有可参考的地方。

7. 成果记录（指标）

记录本次会议的内容，并在工作中确认个案改善的成果。

5.5.3　活动板

活动板，又称为 TPM 看板、工作小组看板。活动板是 TPM 行动的指南针，说明本次 TPM 活动的重点是什么；也是 TPM 活动进度的展示图，小组成员可以通过活动板了解活动的推进状况。

使用好活动板，TPM 活动的效率会大大提高。活动板是推进 TPM 必不可少的工具，小组所有的活动及活动成果都将通过活动板进行展示，能起到管理可视化的作用。运用好活动板对小组活动有着举足轻重的作用。

完整的 TPM 活动板，首先要有名称，名称要体现小组的个性或特点；其次，活动板上最好有小组的活动口号，口号可以通过有奖征集，激发员工参与的热情；最后，活动板要体现步骤推进的计划情况与实际情况。

1.　使用 TPM 活动板的目的

使用 TPM 活动板的目的有以下几类。

（1）让更多的人了解活动的目的与内容。

（2）传递情报、统一认识。

① 多数企业的厂房、车间内人员较多，不利于信息一对一地传递。通过活动板传递既准确又迅速，还能避免以讹传讹或传达遗漏。

② 对于工作，每个人都有自己的见解和看法，企业可通过活动板来引导大家朝共同目标前进。

（3）人员姓名完整，使编写者有成就感。

（4）营造全员参与、全员努力的氛围。

（5）帮助管理、防微杜渐。

① 活动板上的数据、计划揭示便于管理者进行判定、决策或跟进进度。

② 对正在进行的工作进行强调，强化管理人员的责任心。

（6）公示小组工作重点。

（7）使小组成员自主地进行监督与检查。

（8）展示和反映 TPM 活动的成果、进展情况及存在的问题。

2. TPM 活动板的基本内容

一份完整的 TPM 活动板，应当包含以下内容。

① 小组活动的组织人员、目标、业务分担情况。

② 担当设备的效率指标（故障次数、不良率等）。

③ 小组活动的计划（STEP 计划、月计划等）与实绩。

④ 不合理清单。

⑤ 单点教育。

⑥ 改善事例。

⑦IN/OUTPUT 指标（活动时间、不合理点处理／复原现况、提案件数等）。

⑧ 合理化建议表、设备不良点清单。

⑨ 其他：传达、联络事项等。

表 5.5-5 所示为 TPM 活动板，这是一份较为完善的活动板内容，小组可以参考应用。

表 5.5-5　TPM 活动板

TPM 维护衡量指标持续改进表					小组名称	
					年 / 月	
指标名称		设备编号		设备名称	设备型号	
存在的问题与损失分析		改进方案与措施	责任人	时间要求	参加人员	完成情况

续表

TPM 维护衡量指标持续改进表						小组名称	
						年 / 月	
改进后的 评估							
编制		车间审核		设备科 审批		安全 会签	环保会签

需要注意的是，表中"存在的问题与损失分析"应根据统计数据和趋势图对异常情况进行分析；"改进方案与措施"强调的是改进；"改进后的评估"应注意评估周期。

3. TPM 活动板的展示原则

TPM 活动板需要进行展示，才能获得效果。进行展示时应遵循以下原则。

① 何处展示：车间或班组的活动视板、网络平台。

② 谁展示：车间或班组的 TPM 联络员。

③ 展示多久：3 天以上。

④ 如何存档：原件存于部门，电子文档传给企业的 TMP 机构。

附录

1. 初期清扫项目启动清单表

表1-1　　初期清扫项目启动清单表

序号	类型	所需物资	规格	数量	完成时间	备注要求
1	TPM 启动前					
2						
3	启动会					
4						
5						
6						
7						
8	样板区					
9						
10						
11	清扫活动					
12						
13						
14						
15						

2. 清扫工具开发计划表

表1-2　清扫工具开发计划表

序号	开发小组	开发人	设备名称	设备编号	开发材料	开发成本	计划时间	指导人	跟进结果	备注
1										
2										
3										
4										
5										
6										
7										
8										
9										
10										
11										
12										

3. 清扫工具开发改善表

表1-3　清扫工具开发改善表

清扫工具开发改善表	
开发改善前	开发改善后
现象描述：	效果描述：
开发材料：	开发成本：
开发人：	开发时间：

4. 清除六源改善活动推进计划

表 1-4 清除六源改善活动推进计划

序号	开展计划	流程制度	方法	模板表格
1	清除六源活动导入	—	开展清除六源改善活动的培训	—
2	六源查找及信息收集	清除六源管理流程及评价制度	六源查找指引	六源发现与解决管理表
3	六源查找现场辅导			
4	六源清除实施计划		—	
5	六源清除实施优化			
6	六源清除成果运用			六源管理看板
7	六源改善效果评价			六源发现与解决管理表
8	六源改善项目总结	清除六源项目总结流程		清除六源改善项目总结PPT 模板 / 六源发现与解决管理表

5. 清除六源管理看板模板

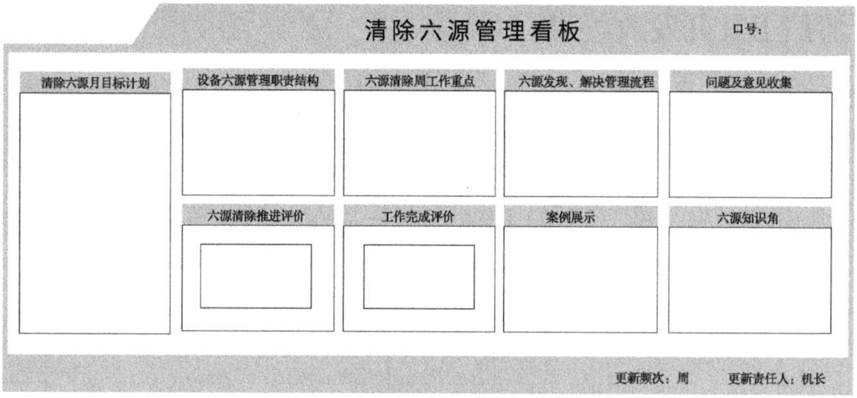

图 1-1 清除六源管理看板模板

6. 设备清扫点检基准表

表 1-5　设备清扫点检基准表

NO.	现日	现者	在哪儿（设备名称）	什么（配件名称）、怎么样（不合理情况）	怎样改善（对策）	自己	委托	负责	计划实施日	实际实施日

7. 六源发现与解决管理表

表 1-6　六源发现与解决管理表

	六源问题分类	□ ① 污染源　□ ② 清扫困难源　□ ③ 故障源　□ ④ 浪费源　□ ⑤ 缺陷源　□ ⑥ 危险源
发现人填	发现人	｜发现时间　年　月　日｜提出时间　年　月　日
	问题描述及改善措施	（可插入图片）
	建议	○自己解决　○班组解决　○车间解决　○立项解决　○工程部解决 ○相关单位解决：
部门或车间填	六源紧急状况	○紧急　　○非紧急
	处理单位	○自己解决　○班组解决　○车间解决　○立项解决　○工程部 ○相关单位：
	改善措施	填写人 / 日期：
	处理情况	○已处理　○待处理　○呈报企业处理

续表

6S推进办填	六源紧急状况	○紧急　　○非紧急		
	改善单位			
	改善时机	○在线　　○待停机时机　　○大修处理		
改善单位填	改善单位		改善时间	
	改善效果	记录人／日期：		
评价人员填	评价改善效果	（对班组、车间或部门解决的评价，由部门自行评价。对企业或立项解决的评价，由6S推进办组织相关人员评价。）		
	评价人员／时间			
备注				

表单流程：填写人－部门登记（原件在部门看板进行展示）－6S推进办汇总、跟进－改善－评价－六源发现评选活动－激励

8. 设备管理制度

1. 目的

保证关键机组（设备）安全、可靠、长周期运行，减少非计划停机，确保生产装置稳定、满负荷生产。

2. 范围

本细则适用于企业级关键机组及根据实际情况确定为芳烃部部级"特护"的关键机组的管理。

3. 职责

3.1 设备管理部职责

3.1.1 贯彻执行国家和上级有关关键机组管理的规章制度和规定，并结合具体情况制定关键机组管理制度实施细则，由专人负责厂级关键机组的基础

管理工作。

3.1.2 组织制定和审核大型机组检修规程，参加操作规程审查；组织编制大型机组检修计划，审定检修方案，对检修过程控制和质量验收进行检查。

3.1.3 负责关键机组的运行、检修、维护管理，建立健全关键机组的基础资料。抓好关键机组的用、管、修工作，做好关键机组的运行状况分析和技术总结。

3.1.4 负责审核车间上报的关键机组的大、中、小修计划，并组织实施。

3.1.5 负责关键机组"特护"管理工作的实施，考评关键机组"特护"小组的工作。

3.1.6 检查关键机组"特护"巡检的执行情况，每天收集各车间"特护"机组的巡检记录并做出运行情况小结（机组运行状态判断）。

3.1.7 会同有关部门对关键机组的重大故障、事故进行调查并分析上报；负责组织制定和审核检修方案，组织抢修和试运行。

3.1.8 参加关键机组重大技术措施工程的方案审查、安装和竣工验收。

3.1.9 对关键机组的运行状况组织定期检查，建立关键机组缺陷、隐患台账。

3.1.10 负责落实机组每月用油量的定期分析，对结果进行评判，做好分析报告单的归档工作，编制关键机组的各种报表。

3.1.11 负责开展大型机组的状态监测和故障诊断，及时发现设备缺陷并落实整改措施，减少非计划停机。

3.1.12 负责本单位有关人员的技术培训和机组所在车间的考核，不断提高上岗人员管理、操作、维护的技术水平。组织芳烃部有关部门开展关键机组方面的技术培训。

3.1.13 负责组织车间、保运站（即电仪）、机研所等参加的大机组月分析例会，并撰写会议纪要，同时负责落实会议决定。组织车间、保运站（即电仪）、设备部每月对13台大机组进行月检查、季评比，并通报检查结果；负责向企业设备管理部上报有关报表。

3.2 车间职责

3.2.1 贯彻执行国家和上级有关关键机组管理的规章制度和规定，并结合芳烃部具体情况制定关键机组检修维护技术规程，负责制定关键机组的工艺操作规程，修订工艺卡片、事故预案；由专人负责芳烃部部级关键机组的基础管理工作。

3.2.2 建立和健全关键机组的基础资料档案，每天做好巡检记录并及时挂牌，抓好关键机组的用、管、修工作。

3.2.3 编制关键机组的大、中、小修计划及备品备件计划，并上报关键机组备品备件计划。

3.2.4 会同有关部门对关键机组的重大事故进行调查分析和上报，并在设备管理部的协调下组织抢修，迅速恢复生产。

3.2.5 定期维护、保养设备，建立关键机组缺陷、隐患台账。

3.2.6 特级维护人员必须固定，有事不能巡检时必须委托其他人员巡检挂牌，周六、周日及节假日期间、车间必须安排人员对关键机组进行巡检挂牌并签到。

3.2.7 每月 10 日负责对关键机组润滑油取样报验，做好分析报告单的归档工作及润滑油的补充、更换工作；每季度配合机研所现场采润滑油样，然后由机研所进行铁谱分析。

3.2.8 质检中心每月 20 日之前将机组润滑油的月分析报告结果在网络上共享。

3.2.9 各车间按时参加月运行技术分析例会和月检查评比；协助设备管理部落实月运行技术分析例会的决定。

9. 检修车间 TPM 推行管理条例

1. 目的与适用范围

（1）目的。TPM 咨询企业保证 TPM 工作有效推进，提高车间、班组的管理水平，树立良好的车间形象。

（2）**适用范围。**适用于检修车间所有班组及员工。

2. 承接中心文件

（1）《检修中心定置管理办法》（××检办[20××]××号）。

（2）《×××检修中心20××年专业考核实施细则》（××检办[20××]××号）。

3. 成立 TPM 推进工作领导小组

组长：×××

副组长：×××

成员：×××、×××、×××、×××、×××、×××、×××

联络员：×××（兼任定置管理员）

4. 职责

（1）领导小组职责。

①制定车间 TPM 推进工作计划并组织班组实施。

②开展全员培训，提高员工素养。

③定期开展 5S 检查及班组定置管理检查，并制定整改措施。

④完成考核、评比及推进工作总结。

（2）联络员职责。

①负责 TPM 推进工作的具体实施，指导班组开展班组定置管理。

②安排不合格项的整改及检查、验收。

③不定期对班组 5S 活动及班组定置管理进行检查。

④负责对 TPM 推进工作进行总结。

5. 管理与考核办法

（1）作业现场管理。

①保持检修现场和作业区域整洁、规范和有序。保证检修现场无杂物、无烟头，环境卫生良好，没有"脏、乱、差"现象。否则，处罚责任班组

×××元/次。

②检修、加工过程中产生的边角余料、废旧物资及时清理、分类、定点存放，随时清理生产作业现场。否则，处罚责任班组×××元/次。

③作业现场不准吸烟，发现吸烟或地上有烟头，考核责任班组××元/个。

④作业结束时，做到检修现场"工完、料尽、场地清"，安全设施完好、整齐，检修后的设备干净。否则，处罚责任班组×××元/次。

⑤所管辖区域内的设备、设施、建构筑（指属于中心资产或由生产单位借给车间使用的资产）功能完好、整洁。责任区域内无垃圾，排水沟无堵塞。否则，处罚责任班组××元/次。

⑥组装间（或区域）规范管理，做到标识规范、场地整洁、物流有序、通道畅通，严格执行定置分类标准，不得将各类物品混放。否则，处罚责任班组×××元/次。

⑦无法分清责任人的不合格项，按责任区域划分原则对责任区域的责任班组进行处罚。如双方仍有异议，按同等责任进行处罚。

（2）备材库房管理。

①备材按定置管理要求分类存放，标识规范清楚。否则，处罚责任人或责任班组×××元/次。

②建立库存、消耗台账，账、物、卡要相符。若台账建立不完善、记录数据不准确，处罚责任人或责任班组×××元/次。

③资料管理按5S要求开展，如摆放混乱，有积尘、油污，处罚责任人或责任班组×××元/次。

④保证库房管理安全，油、气分类存放，不得将其与易燃易爆物品放置在一起，库房需配备一定数量的灭火器材。否则，处罚责任班组×××元/次。

⑤资料无故丢失或被损坏，处罚责任人或责任班组×××元/次。

（3）班组或个人工器具管理。

①班组工器具集中管理，均要放置在工具柜内，并分类摆放。若工具不入柜、摆放混乱，处罚责任班组××元/次。

②工器具入柜前必须清洗干净，入柜前保证其可靠、完好。否则，处罚责任班组 ××× 元 / 次。

③班组建立工器具台账，不得出现丢失情况。台账不健全，处罚责任班组 ×× 元 / 次；工器具丢失，按原价值的 50% 考核责任班组。

④班组工器具由班长或班长指定专人负责管理。当班长离开本班组或班长岗位时，所有班组工器具均要按台账清单移交给下一任班长。否则，将按工器具原价值的一定比例做出考核，并追究行政责任。

⑤个人的工器具必须放入工具箱，保持干净，摆放整齐。否则，处罚责任人 ×× 元 / 次。

⑥使用频率不高、价格较高的工器具，由车间统一管理。

A. 工器具库由车间专人管理，建立库存台账和借用台账。台账不健全，处罚责任人 ×× 元 / 次。

B. 工器具库要做到分类放置、干净整洁，保持工器具功能附件完好。否则，处罚责任人 ×× ~ ××× 元 / 次。

C. 工器具返还时应擦拭干净，保持功能附件完好。否则，处罚责任班组 ×× ~ ××× 元 / 次。

D. 工器具在交接时双方应确认，接手前发现问题，由对方负责；接手后出现问题，由自己负责。

（4）办公室管理。

①地面干净、无污迹，墙角无杂物，墙面无污迹、无蜘蛛网，发现一次，处罚责任办公室 ×× 元 / 次。

②办公桌面干净无灰尘，文件摆放整齐，无废弃物品，桌下无杂物。否则，处罚责任人 ×× 元 / 次。

③室内设施（如计算机、打印机、饮水机等）干净无灰尘、无污迹。否则，处罚责任人或责任办公室 ×× 元 / 次。

④文件柜内物品分类放置，摆放有序、整齐。否则，考核责任人 ×× 元 / 次。

⑤办公室内不准晾衣物，文件柜门上不准挂毛巾或其他物品。否则，处

罚责任人 ××× 元 / 次。

⑥计算机文件管理。分类建立文件夹，做好重要文档的备份。如发现计算机文件管理混乱，5 分钟内找不到所需文档，处罚责任人 ×× 元 / 次。如因不进行计算机文档备份，导致车间主要技术、管理资料丢失，处罚责任人 ×× ~ ××× 元 / 次。

⑦责任划分遵循谁使用谁负责的原则。如无法分清责任人的，由办公室共同承担。

6. 班组休息室、值班室管理

（1）班组要安排卫生值日表，保持地面干净无尘土、无污迹，墙角无杂物，墙面无污迹、无蜘蛛网，发现一次，处罚责任人 ×× 元 / 次。

（2）桌面干净无灰尘，茶杯摆放整齐，除茶杯外，桌面不得放置其他物品，如达不到要求，处罚责任班组 ××× 元 / 次。如发现在桌、椅上放置手套、工具类物品，处罚责任班组 ××× 元 / 次。

（3）椅子摆放整齐，不得随意移动。否则，处罚责任班组 ×× 元 / 次。

（4）手套、口罩、安全帽、饭盒、饮水机、报刊等放置在指定位置，不得随意放置。否则，处罚责任班组 ×× 元 / 次。

（5）室内外不得晾晒衣物，工作服、毛巾、拖鞋等放置在更衣柜内，不得放在休息室内的文件柜内。否则，处罚责任班组 ×× 元 / 次。

（6）班组文件由专人管理，放置在文件柜中，分类、有序摆放。若随意乱放，处罚责任班组 ×× 元 / 次。凡签字领取的文件要妥善保管，如出现丢失情况，处罚责任班组 ××× 元 / 次。

（7）员工制度包由个人妥善保管，如员工制度包丢失，处罚责任人 ××× 元 / 次。

7. 办公、班组设施管理

（1）保证地板、天花板完好无损，出现意外损坏（无论什么原因造成），处罚责任班组 ×× 元 / 块。

（2）保证墙面整洁，无油污、墨迹、划伤、缺损，发现一处处罚责任班组×××元。

（3）桌、椅、文件柜出现人为损坏（缺角、划伤、烧伤、砸伤、缺脚、掉皮、弯曲等），处罚责任班组××～×××元。

（4）门、窗出现人为损坏（划伤、砸伤等），处罚责任班组××～×××元/次。

（5）窗帘必须保持干净、无破损，如有灰尘，处罚责任班组×××元/次；如发现油污、破损，用窗帘擦鞋、擦手，处罚责任班组×××元/次。

（6）责任区内的开关、电源插座、网络线、电话插座、灯具等若出现缺损，处罚责任班组×××元/个。

（7）人员离开若超过1小时，必须关闭空调，不得使用其制热功能（除中夜班值班班组），发现一次处罚责任班组×××元/次。

（8）饮水机不准无水使用，发现一次处罚责任班组×××元/次，如因无水使用出现损坏，按原价赔偿，并处罚责任班组×××元/次。

（9）电话应按规定使用，如出现人为损坏，按原价赔偿，并处罚责任班组×××元。

（10）计算机必须用于工作、业务联系，不得用于打游戏、上网炒股等非工作用途，发现一次处罚责任人×××元。如出现人为损坏，按更换元件的原价赔偿，并处罚责任班组×××元。

（11）卫生间的水龙头、面盆、冲便器、便池保持完好，若出现人为损坏，处罚责任班组××～×××元。

（12）保持卫生间干净、卫生，如下水道堵塞而不及时疏通导致污水四溢，处罚责任班组××～×××元；面盆应保持干净，发现油污而不清洗，处罚责任班组××元；便池使用后若不冲洗，处罚责任班组×××元；乱拉大小便或在办公楼区域发现了大小便，处罚责任班组×××元。

（13）如发现设施、物品丢失，责任班组按原价赔偿，并处罚责任班组××～×××元。

如责任班组发现事件当事人，并经双方对质无异议后，处罚金额的80%由当事人承担。若是往家里拿设施、物品，另处罚当事人×× ~ ×××元，处罚责任班组×× ~ ×××元。

（14）保持责任区内沟渠通畅，无杂物堵塞，无污水淤积。否则，处罚责任班组×××元/次。

8. 其他

（1）如被企业或中心查出问题，按《×××检修中心20××年专业考核实施细则》（××检办[20××]××号）执行考核。

（2）本办法未涉及的内容，按检修中心管理办法执行。

（3）本办法自下发之日起执行。

10.××× 企业单点教育管理办法

第1章 总则

为有效推进××厂TPM管理工作，普及专业知识，交流工作经验，提高员工技能及素养，结合××厂培训管理的实际情况，制定本办法。

本办法所称的单点教育（OPL）是One Point Lesson，即一点课程。它是TPM小组活动的重要内容之一，是为了传承企业技能及经验、固化和积累资料而采取的措施，是提高员工技能及素养、强化企业员工内部培训的有效手段。

本办法适用于××厂全体员工。

第2章 分工与职责

人力资源部是单点教育的归口管理部门，负责单点教育活动的管理与考核。

生产技术部负责成立工艺技术专业单点教育评审小组，机械动力部负责成立设备专业单点教育评审小组，安全环保部负责成立安全环保专业单点教育评审小组，办公室、人力资源部、成本管理部负责成立经济管理专业单点教育评审小组，党委工作部、工会、纪委负责成立政工管理专业单点教育评审小组。各专业单点教育评审小组负责组织相应专业的厂级单点教育活动的评审、发布，同时将专业评审结果报厂推进办和人力资源部备案。

厂TPM推进委员会和机械动力部负责对单点教育进行专业指导，并进行考核。

各单位负责本单位单点教育活动的宣传、发动、组织和实施，对本单位单点教育进行评审、发布、展示和培训，向厂级专业评审小组推荐本单位厂级单点教育。

各单位需指定一名联络员。该联络员负责单点教育的收集、编号，以及跟踪流程、反馈信息等工作。

第3章　内容

1. 单点教育的分类

单点教育分为5类：设备类、工艺技术类、安全环保类、经济管理类和政工管理类。

具体分为：设备操作、维护、检修、调整技巧；故障的处理；工艺操作技巧；紧急情况的应对；节能、环保操作方法；危险隐患的发现和处理；其他管理技巧、经验总结；其他技能、方法、技巧。

2. 单点教育的编写

单点教育按统一的教材模板编写。

3. 工作程序

执行《××厂单点教育流程》。

4. 具体要求

（1）单点教育活动的开展。按照厂推进办要求，各单位开展单点教育活动，使员工了解单点教育的内容、要求。

（2）单点教育选题。各单位结合岗位情况，进行单点教育主题的征集、筛选、确定。

（3）单点教育教材编写、审批。各单位组织员工按照统一模板编写单点教育教材，完成后由各单位组织人员进行评审，评审合格的单点教育由各单位组织人员对员工进行培训。各单位根据要求推荐本单位的优秀单点教育参加厂级单点教育评审，厂级单点教育由专业评审小组负责评审、发布。

（4）单点教育培训。各单位组织相关人员进行培训，填写培训记录，评估培训效果。厂级单点教育由厂推进办确定评审推广范围，并组织培训。

（5）单点教育上报。各单位每月 28 日前将单点教育活动的统计数据以电子版形式报厂推进办和人力资源部。

（6）单点教育展示。经过评审、发布的各级单点教育需要进行展示的，展示地点要便于相关人员学习、查阅，可以是网络、推进看板、成册资料等。厂推进办对厂级单点教育进行展示，各单位负责本单位单点教育的展示。

第4章　管理与考核

各单位每季度首月 10 日前向专业评审小组推荐前一季度的厂级单点教育，推荐数量不低于单位员工人数的 5%，提倡并鼓励推荐优秀单点教育参加厂级单点教育评审。专业评审小组每季度组织一次厂级单点教育评审、发布。

各单位要制定适合本单位的单点教育管理办法和工作流程。管理办法要涵盖本单位单点教育活动从发动到培训展示的各个环节和管理措施；对班组的考核措施要到位，对员工的激励要有效。

各级别的单点教育管理要保留评审、审批、实施培训等的工作记录，便于查阅，并做好单点教育活动的各项数据统计。单点教育展示要及时更新，实施动态管理。培训工作需要切实开展，保证培训效果。

厂推进办和人力资源部采取日常检查与定期检查相结合的方法，对各单位单点教育活动开展情况进行检查、考核，结果将纳入绩效考核。

第5章　附则

本办法由 ×× 厂人力资源部负责解释。

本办法自发文之日起施行。